사장의
돈 공부

잘나가는 회사의 돈 쓰는 방법

사장의
돈 공부

고야마 노보루 지음　**조은아** 옮김

시그마북스
Sigma Books

사장의 돈 공부

발행일 2020년 5월 4일 초판 1쇄 발행
지은이 고야마 노보루
옮긴이 조은아
발행인 강학경
발행처 시그마북스
마케팅 정제용
에디터 장민정, 최윤정, 장아름
디자인 최희민, 김문배

등록번호 제10-965호
주소 서울특별시 영등포구 양평로 22길 21 선유도코오롱디지털타워 A402호
전자우편 sigmabooks@spress.co.kr
홈페이지 http://www.sigmabooks.co.kr
전화 (02) 2062-5288~9
팩시밀리 (02) 323-4197
ISBN 979-11-90257-39-8(03320)

이 도서의 국립중앙도서관 출판예정도서목록(CIP)은 서지정보유통지원시스템 홈페이지(http://seoji.nl.go.kr)와
국가자료종합목록 구축시스템(http://kolis-net.nl.go.kr)에서 이용하실 수 있습니다.
(CIP제어번호: CIP2020013871)

* **시그마북스**는 ㈜**시그마프레스**의 자매회사로 일반 단행본 전문 출판사입니다.

사람을 성장시키는 돈, 망치는 돈

사랑은 돈으로 표현해야 전해진다

'여러분은 자사의 직원을 소중히 여기십니까?'라고 물으면 중
소기업 사장 대부분은 그렇다고 답할 것입니다. 물론 말로는
얼마든지 그럴듯하게 대답할 수 있지만, 소중하게 여기는 마
음을 가진 것과 그 마음을 구체적인 형태로 나타내는 것은
다릅니다. 아무리 애정이 있어도 표현하지 않으면 직원들은
애정을 느끼지 못하고 회사를 떠납니다.

주식회사 무사시노는 도쿄 무사시노 지역을 중심으로 청
소 물품을 판매하는 다스킨 사업을 하며 동시에 그를 통해

얻은 중소기업의 경영 비법을 공개하고 지도하는 경영 컨설팅 사업을 하고 있습니다.

무사시노는 최근 10년간 과장 직급 이상의 퇴사자가 2명인데, 그중 1명은 재입사했으니 실질적으로는 1명뿐입니다. 무사시노 직원들은 왜 회사를 떠나지 않을까요?

그 이유는 직원들에 대한 애정을 말뿐만 아니라 돈으로 표현하기 때문입니다. 2017년에는 기본급을 3만 원씩 인상했습니다. 그 결과 학교를 졸업하고 사회에 첫발을 내딛는 신입사원이 받는 첫 임금이 200만 원대가 되었습니다. 그해 도요타자동차는 기본급을 1만 3,000원 인상했습니다.

또 2017년에는 상여금을 전년 대비 157퍼센트를 지급했습니다. 이런 기세로 수입이 늘어나기에 직원들은 다른 회사로 이직하는 것보다 무사시노에 있는 편이 낫다고 생각할 것입니다. 이렇게 구체적인 형태로 직원들에게 애정을 표현합니다.

무사시노는 상여금을 직원들에게 현금으로 직접 줍니다. 굳이 은행에 입금하지 않는 이유는 직원들이 회사의 애정을 실감하도록 하고 싶기 때문입니다. 같은 금액이라도 통장에 찍힌 숫자를 보는 것보다 현금으로 받는 것을 직원들은 기뻐합니다. 이것도 직원들에 대한 애정 표현 방법 중 하나입니다.

2017년에 상여금 총액은 10억에 달했습니다. 전자 결제가 당연해진 지금 그 많은 현금을 준비하기란 힘든 일이었습니다. 은행 지점에는 그만한 현금이 없기에, 미리 이야기해서 본점에서 현금 8억 원을 받아왔습니다. 나 역시 이 정도의 현금 다발을 처음 보았고, 은행 지점장조차 이 만큼의 지폐를 본 적은 없다고 놀라워했습니다.

나는 저서 『숫자는 인격数字は人格』에서 회사 경영에 있어 '숫자가 인격', '돈이 사랑'이라고 썼습니다. 회사가 고용한 직원들을 지키려면 돈이 필요합니다. 아무리 그럴듯한 말로 포장해도 돈이 없으면 직원들의 생활을 윤택하게 할 수 없습니다. 직원들을 위해 쓸 돈을 가지고 있는 사장이야말로 직원을 사랑하는 사장입니다.

헛돈 쓰는 사장은 회사를 불행하게 한다

하지만 세상에는 직원이나 회사를 위해서가 아니라 자신을 위해서 돈을 쓰는 잘못을 저지르는 사장도 있습니다. 하코네에서 무사시노 경영 컨설팅 회원사를 대상으로 '실천 경영 교실 프리미엄 합숙(12개사 한정, 회사당 참가비는 1,620만 원)'을 했을 때의 일입니다.

합숙에 참가한 주식회사 오다시마구미(건설, 이와테 소재)의 오다시마 나오키 사장에게 이런 이야기를 들었습니다.

"어제 신칸센 센다이역에서 우연히 주식회사 미우(IT 관련, 도쿄 소재)의 미야시타 토루 사장을 만났습니다. 제가 그린 칸에 타려고 했더니 미야시타 사장은 '저는 저쪽이어서……'라며 난처해했습니다. 예전에 미야시타 사장이 현금이 없어서 경영이 힘들다고 말한 적이 있었기에 저는 미야시타 사장이 일반 칸을 타고 다니면서 노력하고 있구나라고 생각하며 헤어졌지요. 그런데 도쿄역에서 그랜클래스(신칸센의 퍼스트클래스)에서 내리더군요."

이 이야기를 들은 다른 사장들도 "미야시타 사장은 렉서스를 타고 다녀요. 게다가 옵션으로 뒷좌석에 텔레비전 모니터까지 달려 있죠", "사무실도 아주 커요"라고 한마디씩 거들었습니다. 회사나 직원들을 위해서 쓰는 돈은 제대로 쓰는 돈이지만, 사장이 허세를 부리려고 쓰는 돈은 헛돈입니다.

나는 도쿄에서 업무를 보던 미야시타 사장을 하코네로 불렀습니다. 미야시타 사장은 딱한 얼굴로 반성한다고 말했지만, 어떻게든 그 자리를 모면하고 싶어서 그러는 것을 알 수 있었습니다. 좀 더 엄격한 대응이 필요하다고 판단하고 경영 컨설팅 회원사 전체에 다음과 같이 음성메시지를 보냈습니다.

"미야시타 사장님을 제대로 지도하는 것이 우리 역할입니다. 미야시타 사장님은 오늘 중으로 렉서스를 팔고 사무실도 임대료가 저렴한 곳으로 바로 옮기셔야 합니다. 자동차는 주식회사 마쓰오 모터스(자동차 판매, 효고 소재)의 마쓰오 아키히로 사장님이, 사무실은 어드레스 주식회사(부동산, 후쿠시마 소재)의 다카오 노보루 사장님이 책임지고 도와주시기 바랍니다."

미야시타 사장은 설마 했겠지만, 쇠뿔도 단김에 빼라는 말이 있습니다. 합숙에 참가한 마쓰오 사장은 그날 중으로 렉서스(당시 렉서스 최고 등급인 LS 460L 버전 U에 롱바디 사양)를 회수해서 고베까지 직접 몰고 돌아갔습니다.

다카오 사장도 신속하게 대응했습니다. 미우는 당시 월 임대료가 1,100만 원인 사무실을 쓰고 있었는데, 300만 원인 사무실을 찾아서 임대 계약서를 내밀었습니다.

채찍은 확실히 효과적이었습니다. 내가 말하지 않았는데도 미야시타 사장은 스스로 본인의 보수를 대폭 삭감했습니다. 그러자 지금까지 대출을 꺼리던 은행도 경비를 줄이려는 노력을 높게 평가해서 대출을 승인해주었고, 자금난에서 벗어날 수 있었습니다.

또 쓸데없는 경비를 줄이는 대신 직원들과 점심을 같이 먹는 등 직원들 간의 대화를 활성화하는 데 투자했습니다. 사내 소통이 원활해지니, 지금까지 사장을 좋지 않게 보던 직원들도 적극적으로 업무에 매진했고, 그 결과 실적도 상승했습니다.

돈은 어떻게 쓰느냐에 따라 사랑이 되기도 하고 독이 되기도 합니다. 사랑이라면 사람을 성장시키지만, 독이라면 사람을 망가트립니다.

미야시타 사장은 돈을 독에서 사랑으로 바꾸어 직원들과 은행의 신뢰를 얻고, 회사의 실적을 회복시켰습니다. 역시 사장이 돈을 어떻게 쓰느냐에 따라 회사의 성쇠가 좌우됩니다.

성공하는 직원의 돈 쓰는 법

직원들 역시 돈을 쓰는 법에 따라 운명이 달라집니다. 무사시노에는 입사 2년 차에 과장이 된 직원이 5명 있습니다. 과장이 되면 상여금이 큰 폭으로 오릅니다. 다섯 번째로 입사 2년차에 과장이 된 히다카 아유미는 첫 상여금으로 550만 원을 받았습니다. 히다카 과장이 훌륭하게 처신한 점은 상여금을 혼자만 누리지 않았다는 것입니다. 히다카 과장이 소속된 사업부에는 스태프가 70명 정도 있습니다. 히다카 과장은 개당 1,500원인 슈크림을 사서 모두에게 선물했습니다. 스태프의 협력이 있었기에 자신이 승진했다는 감사의 마음을 구체적인 형태로 표현했습니다. 이런 마음 씀씀이를 보이면 스태프들도 히다카 과장이 계속 좋은 성과를 올리도록 도울 것이며, 그 결과 실적과 상여금이 또 오르게 될 것입니다.

　반대로 마음 씀씀이가 부족한 사람도 있습니다. 무사시노는 전체 워크숍을 가면 항상 가위바위보 대회를 엽니다. 회사로 들어온 명절선물을 직원들에게 판매하고, 그 돈을 모아두었다가 가위바위보 대회에서 우승한 직원에게 상금으로 줍니다. 우승한 직원에게는 상당한 보너스가 됩니다.

하지만 돈의 도리를 아는 직원은 상금을 혼자 쓰지 않습니다. 2018년 우승자인 사토 쇼타 과장은 상금을 나누어 각 사업부에 30만 원씩 전달했습니다.

그러나 몇 년 전에 우승한 일반 사원은 상금을 전부 자신이 가졌습니다. 그 자체는 다른 직원들로부터 비난받을 일은 아니지만, 주변에 환원할 마음이 없는 자기중심적인 사람이라면 자연스레 동료들과 멀어지게 됩니다. 결과적으로 그 직원은 2년 후에 회사를 그만두었습니다. 이 직원은 돈을 제대로 쓰는 방법을 몰라서 스스로 자신의 인생을 망가트렸습니다.

이 일에 대해서는 나도 책임을 느꼈습니다. 돈을 쓰는 법을 알지 못하는 일반 사원에게 분에 맞지 않는 상금을 주는 것이 처음부터 잘못이었습니다. 돈은 사랑이라고 하지만 지나치면 인생을 망칠 수도 있습니다. 크게 반성하고, 그 후부터는 일반 사원은 상금을 30만 원까지만 받을 수 있도록 규정을 바꾸었습니다.

입사 2년 차에 과장이 된 직원도, 도중에 그만둔 직원도 같은 채용시험에 합격해 무사시노에 입사했습니다. 하지만 돈을 쓰는 법에 따라 그 후의 인생이 변합니다. 어떻게 해서 돈을 벌지 고민한다면 이류입니다. 번 돈을 어떻게 쓸지 고민하는 사람이 되어야 비로소 일류가 되고 성공하는 길을 걷게 됩니다.

사랑이 있어야 돈이 의미 있다

돈은 사랑입니다. 직원들에 대한 사랑, 가족에 대한 사랑, 같이 일하는 동료들에 대한 사랑을 쉽고 효과적으로 전하는 최고의 수단은 돈입니다. 따라서 사장은 돈을 확실하게 벌고, 제대로 써야만 합니다. 돈을 제대로 쓰지 못하는 사장은 직원들을 사랑하지 않는 것과 마찬가지입니다.

다만 착각하지 않도록 주의해야 합니다. 돈을 사랑이라고 하면, 돈만 주면 사람의 마음을 살 수 있다고 착각하는 어리석은 사람도 있습니다.

17년 전에 조부로부터 분쇼도 인쇄 주식회사(인쇄 및 제본, 도쿄 소재)를 이어받은 하시모토 쇼이치 사장은 사무실 환경 정비 등 경영 개혁에 착수했습니다. 경영 개혁에 협력하는 직원에게는 돈을 주는 방침도 세웠습니다. 즉, 돈으로 직원들을 유혹했습니다. 돈으로 직원의 마음을 유혹하는 방법 자체는 나쁘지 않습니다. 하지만 하시모토 사장은 그 바탕에 깔려 있어야 하는 직원에 대한 사랑이 없었습니다.

사랑은 관심을 두는 것입니다. 하시모토 사장은 직원들을 돈으로 유혹해서 실행계획을 만들게 하고, 정작 자신은 놀 궁리만 했습니다. 매년 열리는 축제를 즐길 생각만 했던 것입니다. 그런 자세를 보이는 사장을 직원들이 따를 리 없습니다. 경영 개혁이 진행될수록 그만두는 직원들이 속출해서, 전성기일 때는 350명이던 직원이 160명까지 줄었습니다.

돈은 어디까지나 사랑을 표현하는 도구일 뿐 그 바탕에 사랑이 없다면 종잇조각에 불과합니다. 하시모토 사장은 이 사실을 알지 못했습니다.

"우선 직원들의 이야기에 귀 기울이고 개혁안을 실행한 직원들을 칭찬하세요. 직원들에게 관심을 가지는 것이야말로 직원들을 기쁘게 하는 일입니다. 그래야 직원들에게 주는 돈도 의미가 있지요"라고 충고했더니 하시모토 사장은 그렇게 좋아하던 축제도 뒤로 미루면서 직원들의 이야기를 듣기 시작했습니다. 지금은 직원들과의 관계도 좋아지고 인재 양성에도 노력하면서 직원들도 회사에 정착하게 되었습니다.

나는 항상 무사시노 직원들에게 돈으로 유혹한다고 말합니다. 그래도 직원들로부터 빈축을 사지 않는 이유는 직원들이 돈에 미친 사람들이어서가 아닙니다. 사장이 자신들에게 관심을 두고 있다는 사실을 알고 순수한 마음으로 받아들이기 때문입니다.

이 책에서는 직원과 가족이 행복해지도록 돈을 쓰는 법을 정리했습니다. 그리고 돈이 따르는 사람이 되기 위한 습관과 금전운을 높이는 방법까지, 돈에 관한 모든 것을 소개했습니다.

공적으로든 사적으로든 폭넓게 다루었으니, 회사 경영 때문에 고민하는 사장들은 물론 돈이 없다고 한탄하는 직장인들에게도 도움이 되리라 생각합니다.

돈에 관한 철학은 각자 다릅니다. 여러분에게 내 철학을 강요할 생각은 없습니다. 다만 예전 무사시노는 별 볼 일 없는 루저 집단이었지만 지금은 직원들이 그만두지 않는 회사가 되었습니다. 1989년 내가 사장에 취임했을 때는 매출이 70억 원이었던 회사가 2018년에는 전년 대비 15퍼센트 늘어난 700억 원의 매출을 달성했습니다. 경영 이익은 63억 원이지만, 홍보비로 84억 9,000만 원을 썼기 때문에 실질 경영 이익은 147억 9,000만 원입니다. 눈에 보이는 매출 경상이익률은 9퍼센트지만, 눈에 보이지 않는 실질적인 매출 경상이익률은 21퍼센트입니다.

이 규모의 매출에서 이런 숫자는 이상하게 보일지도 모릅니다. 솔직히 말하면 홍보비 대부분은 별 효과를 보지 못합니다. 그중 30퍼센트만 효과를 볼 뿐입니다.

하지만 그래도 괜찮습니다. 눈앞의 이익을 좇으면서 돈을 쌓아두고 당장 이익을 내기보다는 실패를 두려워하지 않고 미래에 계속 투자하려 합니다. 그래야만 인재가 성장하고 수익 구조가 견고한 체질을 가진 회사가 됩니다.

돈에 대한 철학은 각자 다르겠지만, 무사시노가 돈을 쓰는 방법은 무사시노뿐 아니라 700개 이상의 회사에서 확실한 성과를 내고 있습니다. 이를 어떻게 받아들이는가는 독자 여러분의 몫입니다.

주식회사 무사시노 대표이사 겸 사장

고야마 노보루

| 차 례 |

[CHAPTER 3] 돈을 제대로 쓰며 노는 법, 헛돈 쓰며 노는 법

[CHAPTER 4] 돈을 잘 쓰면 가정도 행복하다

[CHAPTER 5] 생활이 풍족해지도록 현명하게 돈을 쓰는 법

CHAPTER 1

직원에 대한 사랑은
돈으로 표현한다

돈과 급여

사람의 마음을 돈으로 산다

직원에게 무언가 지시하면 일단 '예'라고 대답하지만, 실제로는 실행하지 않거나 대충 처리한다며 자신의 기대만큼 직원들이 열심히 일하지 않는다고 고민하는 사장이 많을 것이다. 하지만 직원을 다그쳐도 소용없다. 직원이란 앞에서는 복종하고 뒤돌아서면 반항하는, 하라는 일은 하지 않고 하지 말라는 일은 적극적으로 하는 존재다. 중소기업에서는 이것이 일반적인 직원의 자세라 하겠다.

나는 주식회사 무사시노를 2004년까지 톱다운top-down 방식으로 경영했다. 따라서 지시를 따르지 않는 직원이 있다면 머리를 주먹으로 어루만지면서(농담이다) 직접 업무를 가르쳤다. 하지만 규모가 커지다 보니 내가 모든 일을 살피기 어려워졌고, 그동안 꾸준히 해온 직원 교육 덕분에 직원들의 업무 역량이 향상되기도 해서 2004년부터는 보텀업bottom-up 방식으로 경영 체제를 바꾸었다. 그리고 나는 전체적인 방침을 결정하고 검토하는 데 집중했다.

하지만 스스로 생각해서 자유롭게 일하라고 했다고 해서 직원들이 자주적으로 일하리라고 기대한다면 큰 오산이다. 교육을 통해 스스로 생각하는 능력이 생겼다고 해도 마음이 동하지 않으면 직원들은 자발적으로 일하지 않는다. 보텀업 방식으로 회사를 경영하려면 직원들 스스로 일하고 싶은 마음이 들게 할 '장치'가 필요하다.

그렇다면 어떤 장치가 있어야 직원들이 움직일까?

정답은 돈이다. 직원들이 하는 일에 상응하는 대가를 지급해야 한다. 즉, 직원들을 돈으로 유혹해야 한다.

무사시노는 직원들이 안심하고 계획적인 생활을 꾸려나갈 수 있도록 근속연수를 기준으로 기본급을 지급한다. 하지만 매달 받는 수당은 각자의 직무와 관리하는 부하직원의 수에 따라 금액이 달라진다. 또한 연 단위로 지급하는 상여금은 각자 성과에 따라 정해지기에 어떤 때는 전혀 받지 못하기도 하고, 어떤 때는 1,000만 원 이상 받기도 한다.

큰 성과를 내지 않아도 기본적인 생활은 보장되지만, 집에 돌아가 가족 앞에서 어깨에 힘 좀 주려면 열심히 노력해서 좋은 성과를 내야 한다. 이런 장치가 있어야 보텀업 방식으로 회사를 경영할 때 직원들이 자주적으로 일하게 된다.

직장인의 꿈은 연봉 1억 원이다

무사시노에는 사장인 나와 본부장 이상의 임원들이 함께 식사하는 '사장회'라는 모임이 있다. 식사비는 내가 개인적으로 부담하지만, 공밥은 아무래도 사람을 풀어지게 하기 마련이라, 회비 삼아 5만 원씩 걷는다. 그 회비는 2차 회식비로 쓰인다. 사장회는 모두 돌아가며 3~5분 정도 근황을 보고하고, 마지막으로 내가 한마디 한 후에 마무리한다. 나는 올해

신년 모임에서 "내 목표는 여기 앉아 있는 모두가 억대 연봉을 받게 하는 것입니다"라고 이야기했다.

참석자 중 전무인 야지마 시게토는 2억 5,000만~3억 원, 상무인 다마이시 히로코는 1억 5,000만~2억 원, 이사인 사토 요시아키는 1억~1억 5,000만 원의 연봉을 받는다. 이 밖에도 1억 원이 넘는 연봉을 받는 임원들이 있기는 하지만, 본부장급의 평균 연봉은 1억 원에 미치지 못한다. 그래서 그들의 연봉을 1억 원대로 올려주는 것이 목표라고 선언했다.

그러자 그곳의 공기가 순식간에 달라졌다. 그 전까지는 신년회 기분으로 느긋하게 마시고 즐기던 임원들의 눈이 갑자기 반짝반짝 빛났다. 그 모습을 보고 직장인들의 꿈은 연봉 1억 원이라는 사실을 다시 한 번 깨달았다.

물론 인생의 궁극적인 목적은 돈이 아니다. 세상에는 돈보다 중요한 것이 얼마든지 있다. 하지만 이런 이야기는 연봉 1억 원을 넘기고 나서야 할 수 있지 않을까? 생활에 여유가 생기고 미래에 대한 불안이 사라질 만큼의 연봉을 받기 전까지는 직장인들에게 있어서 돈은 가장 큰 관심사고 가장 큰 동기부여 요소가 된다.

즉, 돈으로 유혹하는 것이 직원들을 위한 방식이다. 항간에 '열정 페이'라는 말이 생겨날 정도로 꿈이나 열정을 강조하면서 낮은 임금으로 직원을 부리려 하는 회사가 많다. 돈이 아니라 그럴듯한 말로 포장해서 사람을 현혹하는 방식은 너무나도 악질이다.

'유혹'이라는 표현이 꺼려진다면 '보상'이라고 표현해도 좋다. 어느 쪽이든 직원이 기분 좋게 일할 수 있도록 확실하게 돈으로 응답해주는 회사가 좋은 회사다.

노력에 따라 상여금이 40배 이상 차이 난다

직원에 대한 사랑은 돈으로 표현해야 한다. 그렇다면 어떤 체계로 그 사랑을 표현하면 될까?

무사시노의 급여 체계는 등급제를 바탕으로 한다. 등급은 입사 후, 근속연수에 따라 정해진다. 경력을 쌓으며 오래 근무하면 자연스럽게 기본급이 올라간다. 즉, 근속호봉제다.

일반적으로 무사시노는 성과를 중시하는 회사라고 여겨지

지만, 매달 급여가 성과에 따라 달라진다면 직원들은 계획적인 생활을 할 수 없다. 자녀가 학원에 다니는데 이번 달은 아빠가 좋은 성과를 내지 못해서 학원에 못 다닌다고 해서는 안 된다. 자녀가 대학을 다닐 때 가장 많은 돈이 필요하기 때문에, 기본급은 근속연수에 따라 책정해서 직원들의 생활을 보호해주어야 한다. 매달 받는 급여가 성과에 따라 달라진다면 장기근속자들의 불만이 쌓인다.

그렇다고 해도 근속연수에 따라 모든 것이 정해진다면 이 또한 불공평하다. 승진은 철저하게 직원의 능력을 기준으로 결정된다.

우수한 사원이라면 2년 차(2그룹)부터 과장이 될 수 있다. 하지만 과장이 할 업무를 하는데도 급여는 2그룹 기준으로 받는다면 누가 납득하겠는가. 따라서 어떤 업무를 하는 직급인지에 따라 기본급에 직급 수당을 더한다. 이렇게 하면 근속연수가 짧더라도 짊어진 책임에 걸맞은 급여를 받을 수 있다.

반면에 상여금은 성과주의다. 이번 해에 어떤 성과를 냈는지 평가하여 상여금을 결정한다. 평가는 S, A, B, C, D의 5단계(3단계일 때도 있다)로 나눈다. 직급별로 S를 받았다면 얼마,

A를 받았다면 얼마라고 상여금이 결정된다.

사토 요시아키 이사가 본부장 시절에 받은 상여금은 가장 적을 때가 100만 원, 가장 많을 때는 4,200만 원이었다. 같은 직급이라도 성과에 따라 상여금이 40배 이상 차이가 나는 것이다. 그러다 보니 승진했다는 사실에 만족하며 해이해지는 직원은 없다. 조금이라도 더 나은 평가를 받으려고 필사적으로 노력하게 된다.

기복이 심한 직원에게 꾸준히 동기를 부여하는 법

무사시노에는 '꽃의 3팀'이라고 불리는 2003년 입사자들이 있다. 고미네 준, 마쓰후치 시로, 이시하시 신스케, 다마이 사토시, 이 네 사람은 좋은 경쟁자로 상여금을 가장 많이 받은 사람이 나머지 세 사람에게 한턱을 내는 등 입사 이후 꾸준히 관계를 이어가고 있다. 그렇게 동기들끼리 서로 경쟁하며 격려하다 보니 모두 승진이 빨라서 현재 고미네는 본부장이고 나머지 셋은 부장이다.

이들 중 이시하시는 능력은 출중하지만, 고미네나 마쓰후치에 비해 시동이 늦게 걸린 편이다. 기분에 따라 성과가 좌우되는 탓에 S 평가를 받을 만큼 열심히 노력하는 한편 D 평가를 받을 만큼 게으름을 피우는 등 양극단을 오간다. 평가 점수가 S나 D밖에 없어서 농담처럼 SD 카드라고 부른다.

이시하시는 고미네에 이어 마쓰후치마저 부장으로 승진하자 그제야 승리욕이 불타올랐다. 겨우 정신을 차리고 노력한 결과 과장 직급에서 S 평가를 받고 부장 승진이 확정되었다. 이때 받은 상여금이 750만 원이었는데, 이시하시는 상여금을 이렇게 많이 받은 적은 처음이라고 기뻐서 어쩔 줄 몰라 했다.

하지만 나는 긴장이 풀린 이시하시의 얼굴을 보고 '정신이 해이해져서 다음 해에는 다시 D를 받겠군'이라고 직감했다. 그래서 이시하시에게 본부장인 고미네와 부장인 마쓰후치는 상여금을 얼마나 받는지 계산해보게 했다.

그 당시 마쓰후치는 A 평가를 받았는데, 부장 직급에서 A 평가를 받으면 상여금이 1,000만 원으로, 과장 직급이 S 평가를 받을 때보다 더 많은 상여금을 받는다. 그리고 고미네는 본부장 직급으로 S 평가를 받아서 상여금이 2,300만 원이었다. 그 금액을 안 순간 표정이 바뀐 이시하시는 "저 반드시 본부장이 되겠습니다"라고 말했다.

일반 사원과 과장, 과장과 부장, 부장과 본부장은 상여금이 하늘과 땅만큼 차이가 크다. 기복이 심한 직원에게는 이런 현실을 맞닥뜨리게 해서 꾸준히 동기를 부여한다. 돈으로 직원을 유혹하는 방식이다.

급여를 스스로 계산하게 한다

그런데 이시하시는 어떻게 본인과 동기들의 상여금을 계산할 수 있었을까?

무사시노는 인사 평가 기준과 임금 테이블, 계산 방법을 포함한 급여 체계를 전부 직원들에게 공개한다. 단순 공개하는 데 그치지 않고 직원들에게 직접 급여를 계산해보게 한다.

급여를 계산하고 처리하는 일은 총무부에서 담당한다. 하지만 담당 직원은 자신의 급여 외에는 관심이 없다. 그 증거

로 다른 사람의 급여 계산은 틀려도 본인 급여만큼은 절대
틀리지 않는다.

직원들에게 직접 본인의 급여를 계산하게 하고 검수하게
하면서부터 급여에 대한 불만이 크게 줄었다. 직원들이 급여
에 불만을 품는 이유는 본인의 급여가 어떻게 정해졌는지 이해
하지 못하기 때문이다. 급여 체계를 세세하게 공개한다고 해
도 다른 사람에게 계산을 맡기는 한, 직원들은 이해하지 못
한다. 실제로 직접 계산해봐야 '이 건을 완수하지 못해서 이
번 상여금이 적었군', '동기인데 이렇게 차이가 나는 건 내 직
급이 낮기 때문인가?'라고 어느 정도는 수긍하게 된다.

급여를 직접 계산하게 하는 이유는 그저 직원들을 쉽게 이
해시키기 위해서만은 아니다. 어떤 조건을 달성하면 급여가
오르는지 깨닫고 승진을 위해 구체적으로 노력하도록 독려하
기 위해서다. 열심히 하면 언젠가 급여가 올라갈 것이라고 생
각하고 막연하게 노력하는 것보다 훨씬 효과가 크다.

또한 본인뿐 아니라 상급자의 급여도 계산해보게 한다. 상
급자의 급여를 계산해보고 나면 상당수가 '저 멍청한 과장
이 이렇게 많이 받는다고?'라며 놀란다.

자칫 급여제도에 불만을 품지는 않을까 우려할지도 모르지만, 신기하게도 그렇지 않다. 오히려 '그 직급에 오르면 이렇게 많이 받을 수 있다니, 나도 한번 해보자!'라고 의욕을 불태우는 직원들이 대부분이다.

상여금은 현금으로 직접 준다

1년에 두 번, 상여금을 지급하는 날이 되면 무사시노 사내는 약간 들뜬 상태가 된다. 상여금이 얼마인지에 따라 일희일비하기 때문이 아니다. 직원들은 스스로 상여금을 계산하기에 자신이 얼마나 받을지 이미 알고 있다.

그런데도 회사가 술렁이는 이유는 상여금을 현금으로 직접 주기 때문이다. 두꺼운 봉투를 손에 쥔 직원들은 자연스레 싱글벙글하고 봉투가 얇은 직원들은 아쉬운 얼굴을 감추지 못한다. 통장에 입금해주면 이렇게까지 표정이 달라지지는 않는다. 현금의 위력이다.

어째서 상여금을 현금으로 직접 주게 되었을까?

첫 번째 이유는 가정에서의 지위를 높여주기 위해서다. 지금처럼 은행 송금이 일반적이지 않았던 시절에 회사에서 으스댈 수 있었던 직원은 매출이 가장 높은 영업사원이 아니라 수금을 가장 많이 해오는 영업사원이었다.

가정에서도 마찬가지였다. 급여가 통장으로 입금되지 않았던 시절에는 월급날 현금이 든 월급봉투를 들고 집에 들어오는 아버지가 가장 대단한 사람이었다. 하지만 지금은 시대가 변해서 아이들은 은행에서 돈을 뽑아오는 어머니가 가장 대단하다고 생각한다. 평소에는 그래도 상관없지만 적어도 1년에 두 번 정도는 아버지에게 그 영광스러운 기분을 맛보게 해주고 싶다. 물론 일하는 어머니 역시 마찬가지다. 돈을 벌어오는 사람이 가족에게 걸맞은 대접을 받을 수 있도록 현금으로 직접 주는 것이다.

우리 집에서는 아내가 여왕이고, 나는 평소에 거의 맞서지 못한다. 하지만 상여금을 받는 날만큼은 아내와 딸이 바른 자세로 서서 내게 돈을 받아 간다. 이 역시 상여금을 현금으로 받는 덕택이다.

월급은 고객이, 상여금은 사장이 주는 것이다

상여금을 현금으로 직접 주는 또 하나의 이유는 감사를 받기
위해서다.

월급은 누가 누구에게 주는 것일까? 사회에 첫발을 내디뎠
을 때, 나는 사장이 월급을 준다고 생각했다. 하지만 이는 잘
못된 생각이다.

월급의 원천은 매출이다. 매출은 고객이 상품이나 서비스를
구매한 대가다. 즉, 월급은 고객이 지급하는 셈이다. 따라서 직
원들은 월급날이 되면 고객에게 감사해야 한다.

하지만 상여금은 다르다. 상여금의 원천은 이익이고, 이익을
어떻게 할 것인가는 사장의 결정에 따라 달라진다. 극단적인
예로 사장은 이익을 전부 직원 교육이나 연구 개발에 투자하
고 상여금은 주지 않아도 된다. 월급은 법률상 사장이 마음
대로 감액하지 못하지만 상여금은 사장이 원하는 대로 정할
수 있다. 따라서 상여금은 사장이 주는 것이다.

무사시노에서는 이렇게 직원들을 교육하기에 모두가 알고
있는 사실이다. 하지만 알고 있다고 해도 상여금을 월급처럼

통장으로 입금하면 감사하는 마음이 싹트지 않는다. 그래서
직원들에게 현금으로 직접 건네면서 사장이 주는 사랑을 느
끼게 하고 감사하는 마음을 갖게 하려고 한다.

눈앞에 있는 현금을 보면 열정을 다한다

현금의 위력은 평소 업무에서도 드러난다.

예전에 나는 신규 영업소를 개설할 때 책임자가 동행하도
록 했다. 한번은 신규 영업소 계약에 보증금과 임대료를 포함
해서 1억 원이 필요했다. 나는 당시 책임자였던 S에게 그만큼
의 현금을 준비하게 하고 부동산 중개소에 동행했다. 중개소
의 담당자는 그렇게 많은 현금을 다룬 적이 없어서 너무 긴
장한 나머지 영수증에 금액을 잘못 표기했다. S도 놀라서 어
찌할 바를 모르다가 "잘못 표기했다면 다음에 주셔도 괜찮
습니다"라고 말했다.

내가 "현금 1억 원을 주고받으면서 영수증을 그 자리에서
받지 않는 멍청한 녀석이 대체 어디에 있단 말이야!"라고 호

통을 치자 중개소 담당자도 S도 겨우 제정신을 차리고 그다음부터는 문제없이 처리해서 간신히 계약을 체결했다.

　S는 필사적으로 노력해서 새로 개점한 영업소를 정상 궤도에 올려놓았다. 엄청난 현금 다발을 눈앞에서 보았기에 온 힘을 다한 결과라고 생각한다.

　'내가 잘못하면 이 1억 원은 허공에 흩어지고 만다, 그러면 나를 믿어준 사장님을 뵐 면목이 없다' 같은 생각을 하며 각오를 다지지 않았을까?

　나는 경영 컨설팅 회원사에 사장 혼자만 공부해서는 회사가 발전하지 못하니, 임원들도 교육을 받아야 한다고 충고한다. 충고대로 임원들에게도 교육을 받게 하는 회사가 늘고 있다. 하지만 경리 담당 직원이 교육비를 입금하게 하는, 잘못된 방식으로 돈을 쓰는 회사도 있다.

　옳은 방식은 교육을 받을 본인에게 현금을 주고 은행이나 ATM에서 직접 입금하게 하는 것이다. 도중에 도둑맞지 않도록 주의를 기울이면서 말이다.

　다른 사람이 대신 교육비를 내면 직원은 귀찮게 교육을 받아야 한다는 생각밖에 들지 않는다. 하지만 수백만 원에 달

하는 교육비를 스스로 입금하면 '회사가 내게 이만큼이나 기
대하는 걸까? 허투루 쓸 수 없지'라고 각오를 다지게 된다.

본인의 의지에 따라 교육 효과는 크게 달라진다. 당연히
배울 의지가 있는 사람이 교육을 받아야 효과가 높다. 같은
돈을 쓸 바에는 현금을 주고 직원들의 의지를 높이는 방법이
훨씬 현명하다.

상여금을 받지 못한 사례

상여금 이야기를 다시 해보자. 무사시노는 인사 평가 점수에
따라 상여금을 차등 지급하는데, 상여금을 한 푼도 받지 못
한 직원이 둘 있다.

무사시노는 사내의 다양한 학습 모임을 지원하고 직원들
에게 배움의 기회를 제공하고 있다. 학습 모임에 참석하면
'100회 수첩'에 내 도장을 찍어주는데, 도장 100개를 다 채우
면 50만 원 상당의 여행권과 교환할 수 있다. 또한 학습 모임
출석률은 인사 평가에도 반영된다. 이 역시 돈으로 직원들을

유혹하는 방법 중 하나다.

후나키 도모카즈는 100회 수첩에 찍어주는 내 도장을 위조했다. '고야마'라고 새겨진 내 도장과 비슷한 가짜 도장을 파서 사용한 것이다. 머리를 꽤 쓰기는 했지만 일 처리가 허술했다. 내 진짜 도장은 수없이 사용했기 때문에 닳아서 글자가 두껍게 찍히지만, 후나키의 도장은 글자 선이 가늘었다. 일을 꼼꼼히 하지 못하는 사람은 나쁜 짓을 해도 어설프다.

만약 형사 사건이었다면 사문서 위조로 형을 받았을지도 모르지만, 회사 내부에서 벌어진 일이었기에 경위서 4통, 즉 상여금을 주지 않는 선에서 마무리했다.

또 다른 직원은 소가 고타로다. 소가는 큰 잘못을 저지르지는 않았지만, 급여 체계를 바꾸면서 새로운 방식으로 상여금을 계산해보니 금액이 너무 적었다. 봉투에 동전을 담아주어야 하는 수준이었다. 그래서 색깔 봉투에 이름만 적어주었다.

소가는 사내 결혼을 했는데, 아내인 소가 도모코도 상여금을 50퍼센트밖에 받지 못한 적이 있었다. 도모코는 부하직원이 저지른 잘못에 책임을 지고 경위서를 2통 제출해서 상여금이 50퍼센트로 삭감되었다.

무사시노에는 사내 결혼을 한 직원들이 많다. 하지만 부부 모두 부장인데도 상여금을 받지 못하거나 50퍼센트밖에 받지 못하는 쓰라린 경험을 한 부부는 이 둘뿐이다.

후나키도 소가도 상여금을 전혀 받지 못해서 실망했지만, 두 사람 모두 그만두지 않고 계속 무사시노에서 근무하고 있다. 이는 열심히 해서 성과를 내면 언젠가 만회할 수 있다는 사실을 알기 때문이다. 둘은 분발하여 상여금을 받지 못했던 다음 해에 소가는 A 평가를, 후나키는 S 평가를 받았다. 그리고 평가 점수에 따라 상여금도 받았다.

이처럼 성과에 따라 부활할 수 있는 구조이기 때문에 직원들도 우는소리를 하지 않는다.

퇴직금보다 정년 연장을 바란다

무사시노에는 퇴직금이 없다. 퇴직금이 없는 이유는 직원들을 아끼지 않기 때문일까? 그렇지 않다. 오히려 반대다.

무사시노에는 퇴직금제도가 없는 대신 일하고 싶은 만큼 일할 수 있는 재고용제도가 활성화되어 있다. 정년퇴직 후에 재고용제도를 통해서 65세까지 일할 수 있는 회사는 많다. 하지만 무사시노는 60세에 정년퇴직한 직원 중 희망자를 재고용하고, 재고용된 직원은 고객들의 평가만 좋다면 본인이 원하는 만큼 언제까지고 회사에 다닐 수 있다.

퇴직금으로 2억 원을 받는다 한들 연봉이 6,000만 원이었던 직원이라면 3년 정도면 다 쓰게 된다. 연금을 앞당겨 받아서 생활비에 보탠다고 해도 5년 안에 퇴직금은 바닥날 것이다. 그렇다면 계속 회사에 다니면서 안정된 수입을 얻는 편이 낫다.

일본에서는 법률로 재고용 기간을 65세까지 의무화하고 있다. 사이토 겐이치, 이토 슈지, 기쓰네즈카 도미오는 본인들의 희망에 따라 이 의무고용 기간이 끝난 후에도 무사시노에서 계속 근무하고 있다. 특히 사이토는 72세지만 현역들보다 활기차게 일하는 직원이다.

자리만 지키려던 직원이 일하려는 의욕을 보인 이유

예전에는 무사시노에도 퇴직금을 받아서 빨리 은퇴하고 싶어 하는 직원이 많았던 듯하다. 하지만 100세 시대가 되다 보니 직원들의 의식이 변했다.

놀라운 사실은 오랫동안 그저 자리만 지키려는 마음으로 일하던 직원인 오사키 히사유키가 일하려는 의욕을 보였다는 것이다. 오사키는 1991년 입사 당시에 최고학력의 소유자였다. 하지만 젊었을 때 몸이 아팠던지라 적당히 일하고 자리만 지키며 최소한의 급여만 받으면 된다고 생각하는 직원이었다.

예전 무사시노는 엄청난 블랙 기업(노동 조건과 근무 환경이 열악해서 직원들에게 과도한 업무를 시키는 기업 – 옮긴이)이었지만 오사키는 정시에 퇴근하고 휴일에도 절대 출근하지 않았다. 단 한 사람에게만 화이트 기업이었던 셈이다. 당연하게도 오사키는 만년 평사원이었는데, 나는 그래도 괜찮다고 생각한다. 만일 오사키를 해고한다면 열심히 일하는 다른 직원이 꼴찌가 된다. 오사키처럼 출세를 포기한 직원이 꼴찌로 남아 있는 편이 조직에 도움이 되기도 한다.

하지만 평사원은 정년퇴직 후에 재고용하지 않겠다고 농담처럼 말했더니, 오사키의 눈빛이 변했다. 당시 오사키는 57세로, 3년 내에 과장이 되지 않으면 재고용되지 못한다고 오해했고, 갑자기 일요일 학습 모임에 참석했다. 참고로 일요일 학습 모임에 참석하면 평일에 대체 휴가로 쉴 수 있다.

나는 오사키가 빨리 정년을 맞아서 쉬고 싶어 하는 사람이라고 생각했다. 실제로 예전에는 그랬을지도 모른다. 하지만 100세 시대를 맞이하여 제2의 인생을 살기 위해서는 무엇이든 대책을 마련해야 한다. 오사키는 정년퇴직 후에도 가능하면 회사에서 계속 일하고 싶다는 생각에 갑자기 의욕 넘치는 직원이 되었다. 그리고 1년 만에 염원하던 과장으로 승진했다. 원래 잠재력이 있었기에 의욕만 있다면 충분히 성과를 낼 만한 직원이었다. 사장으로서는 좀 더 빨리 의욕이 생기기를 바랐지만, 정년을 눈앞에 두고 발등에 불이 떨어진 다음에야 제 몫을 해주었다.

그런데 재밌게도 오사키가 다른 직원들에게 영향을 미친 듯하다. 그저 자리만 지키려 하고 업무 처리도 대충이던 사카이 신지(48세)도 과장 승진을 노리고 있다.

요즘 직장인들이 바라는 고용 조건은 당장 받을 수 있는 퇴직금보다 장기적인 재고용제도다. 퇴직금을 주기보다 가능하면 오랫동안 월급을 주는 편이 직원들의 행복으로 이어진다.

화려한 시상식에서 상을 수여한다

직원을 돈으로 유혹해보려 해도 당장 급여 체계를 손대기 어려운 회사도 있을 것이다. 그럴 때 직원들을 돈으로 유혹하는 방법이 있다. 사장상과 같은 각종 포상제도다.

무사시노는 매년 직원 1명을 선발해서 '사장상'을 수여한다. 수상자는 임원회의에서 결정하고, 상금은 50만 원이다. 그리고 부상으로 라스베이거스 여행권이 지급되고 기본급이 5호봉 올라간다. 만약 부장급이라면 기본급이 13만 4,500원 오르는 셈이다.

사장상과는 별도로 임원들의 투표로 정해지는 '우수사원상'도 있다. 각 부서장이 추천한 직원을 후보에 올린 후, 본부장(5그룹) 이상의 임원이 일인당 2표씩 투표한다. 가장 많은

표를 받은 2명이 우수사원상을 받는데, 상금이 30만 원이다. 그리고 마찬가지로 라스베이거스 여행권이 부상으로 주어지고 기본급이 5호봉 올라간다.

사장상과 우수사원상은 1년에 한 번 있는 경영계획발표회에서 시상한다. 경영계획발표회는 무사시노의 전 직원뿐 아니라 은행 지점장 등 내빈도 참석하기에, 그 앞에서 상을 받는 것은 굉장한 명예다. 돈을 주는 것뿐만 아니라 화려한 무대에 오르게 해주는 것도 직원들의 동기부여에 도움이 된다.

오모리 다카히로 본부장과 에비오카 오사무 부장은 상을 2개 받아서 기본급이 8호봉 상승했다. 오모리는 매월 28만 9,600원, 에비오카는 17만 2,000원을 더 받게 되었다.

상상을 초월하는 MVP 혜택

무사시노보다 훨씬 성대한 시상식을 여는 회사가 있는데 바로 야마나카 나오키 사장이 경영하는 주식회사 애플파크(주차장 운영, 도쿄 소재)다.

애플파크는 연간 영업 실적을 바탕으로 최고 성과를 달성한 영업사원에게 'MVP'라는 상을 수여한다. MVP에게는 프로레슬링 챔피언 벨트를 제작하는 곳에서 만든 특별한 챔피언 벨트가 부상으로 주어진다. 물론 현금으로도 사장의 사랑을 표현하는데, 금액은 각자 성과에 따라 다르다.

지난해 MVP는 6,000만 원의 상금과 별도의 상여금을 받아서 2개월 동안 8,000만 원이라는 엄청난 현금을 손에 쥐게 되었다. 갑자기 큰돈을 받은 직원의 금전 감각이 흐트러지지는 않을지 걱정스럽지만, 이는 야마나카 사장이 잘 대처하고 있다. 그리고 우수 부서에도 총 8,000만 원의 성과급이 지급되어서 성대한 잔치가 벌어졌다.

직원들의 사기를 북돋아 주고 의욕을 불러일으킨 덕에 애플파크는 2015년 일반 사단법인 도쿄신용금고협회로부터 '우수기업상'을 수상했고, 5년 연속 매출 및 수익이 증가했다.

주식회사 어스콤(재생 가능 에너지 촉진, 사이타마 소재)의 마루바야시 노부히로 사장도 사장상이 후하기로는 절대 다른 기업에 뒤지지 않는다.

"작년 두바이에서 열린 태양에너지 관련 전시회에 사장상과 우수사원상을 받은 직원을 연수 겸해서 데려갔습니다. 두바이의 7성급 호텔 스위트룸에서 묵었는데, 하룻밤 숙박료가 1,300만 원으로 방 안에 나선 계단이 있더군요. 같이 간 직원들은 전부 말을 잃었습니다. 고야마 사장님께서 늘 물건보다 경험이라고 말씀하시는데, 두바이에 같이 간 직원들에게 평생 기억에 남을 경험이었으리라고 생각합니다"라고 마루바야시 사장이 말했다.

확실히 7성급 호텔 스위트룸은 현금 이상의 놀라운 경험으로, 그곳에 묵었던 직원들은 사장의 사랑을 분명하게 느꼈을 것이다.

상을 줄 때 주의 사항

상을 줄 때 주의할 점이 하나 있다. '해당자 없음'이라는 이유로 상을 주지 않는 일은 없어야 한다.

사장이 독단적으로 포상을 받을 직원을 결정하는 회사가 많을 것이다. 그 자체는 상관없지만, 그저 단순한 변덕으로

해당자가 없다고 하거나 절대 평가의 기준을 만족시키지 못
했으니 해당자가 없다고 하면 직원들은 의욕을 잃는다. 직원
들이 의욕을 잃는다면 오히려 역효과다.

프로야구에서 타격왕이나 홈런왕이라는 타이틀을 생각해
보자. 타율이 3할이 되지 않더라도 리그 최고라면 타격왕이
되고, 홈런이 30개라도 리그 최다라면 홈런왕이 된다.

올해는 성적이 저조했기 때문에 타격왕이나 홈런왕을 뽑
지 않겠다고 하면 선수들은 의욕을 잃게 되고 이에 따라 성
적도 점점 저조해질 것이다.

마찬가지로 올해는 이익이 적어서 상을 줄 만한 직원이
없고 상금도 주지 않겠다고 해서는 안 된다. 사전에 선발 기
준과 상금을 명확하게 해야만 직원들은 상을 목표로 열심
히 노력한다. 가위바위보를 하는데 나중에 내서는 안 되는
법이다.

돈과 인재

판매 전략보다 인재 전략에 돈을 쓴다

'회사가 성장하기 위해서는 상품이나 서비스를 하나라도 더 많이 팔아야 한다'고 생각하는 사장이 경영하는 회사가 있다면, 그 회사는 위험하다. 시대가 변해가는데 현실을 깨닫지 못하고 있기 때문이다.

거품 경제가 붕괴한 이후, 일본 시장이 한계점에 도달했던 20여 년간 한정된 파이를 서로가 나누어 먹어야 했다. 점유율 경쟁에서 이기려면 하나라도 더 많이 팔아야만 했기에 판매 전략이 회사의 운명을 좌우했다.

하지만 2014년 4월, 일본 정부가 소비세율을 인상하면서 시장의 흐름이 달라졌다.

사실 일본에서는 2005년부터 사망자 수가 신생아 수를 웃돌기 시작했다. 앞으로 외국인 노동자를 다수 받아들이는 등의 대책이 생기지 않는 이상은 최소 40년간 인구 감소가 계속될 것이다. 유감스럽게도 이는 바뀌기 어려운 현실이다.

인구 감소는 경기 불황으로 이어진다. 일본이 경기 호황을 누리던 시기는 제1, 2차 베이비붐 시대로 인구가 늘어나던 때였다. 앞으로 계속 인구가 줄어든다면 경기 역시 나빠질 것이다. 이는 역사가 증명하는 사실이다.

인구 감소에 따라 일거리도 같이 줄어든다면 전체적인 규모가 줄어들 뿐이니 회사의 전략을 바꿀 필요는 없다.

하지만 일본 정부가 소비세율을 인상하면서 변화가 생겼다. 일본 정부는 늘어난 세금을 통해 확보한 예산을 어디에 쓸까? 국채 상환, 주가 대책 그리고 공공사업이다. 공공사업이 늘어나면 일거리가 늘어난다. 일거리가 늘어나면 기업의 실적이 좋아지고 주가 대책으로 이어진다. 본래 인구가 감소하면 경기가 나빠지는 법인데, 무리수를 써서 반대로 경기를 활성화하고 있다.

이 부자연스러운 상태가 초래하는 것은 사상 유례없는 인력 부족 문제다. 인력 부족으로 인한 기업 도산이 역대 최대라고 논란이 되고 있다. 일거리가 늘어나는데 인력은 줄어드니 당연한 현상이다. 인력 부족 시대에 살아남는 기업은 인력쟁탈전에서 승리한 회사, 즉 인재 전략이 뛰어난 회사다.

야마토 운송은 주요 거래처의 업무를 줄이고 시간 지정 택배도 일부 중단했다. 직원의 부담을 줄이고 인력을 확보하기 위해서다. 지금까지는 딱히 신경 쓰지 않아도 아르바이트 지원자가 넘쳐나던 오리엔탈 랜드(도쿄 디즈니 리조트 운영) 역시 인기 업종이라고 해서 안심할 수 없는 상황이 됐다.

이런 상황인데도 판매 전략을 최우선으로 하면 어떻게 될까? 우수한 판매 전략을 세운다 한들, 이를 실행할 사람이 없다면 의미가 없다. 상품을 많이 파는 것은 중요한 일이지만, 이를 실행하기 위한 우선순위는 판매 전략보다 인재 전략이다. 이런 상황을 파악하지 못하고 있는 경영자는 직원들을 길거리에 내몰 가능성이 크다.

그러면 중소기업이 취해야 할 인재 전략이란 무엇일까?

기본 전략은 직원의 급여를 높이는 것이지만, 사실은 이외에도 인재 확보에 유효한 돈을 쓰는 방법이 있다. 이를 구체적으로 살펴보자.

인력 채용 비용을 아끼지 않는다

무사시노는 정규직뿐 아니라 시간제 근무자나 아르바이트생에게도 아이패드를 제공하는데, 전부 670대에 달한다.

회사 업무는 바통 릴레이와 같다. 정규직이 빠르게 업무를 처리한다고 해도 시간제 근무자나 아르바이트생이 담당하는 업무가 지연되면 전체적인 면에서 효율성이 떨어진다. 아이패드를 제공하는 이유는 업무를 효율화하기 위해서다. 모든 직원이 아이패드를 업무에 활용한다면 그만큼 원활하게 업무가 진행된다.

무사시노에서는 정규직이나 시간제 근무자, 아르바이트생뿐 아니라 입사내정자에게도 아이패드를 제공한다. 야근 수당을 절감하기 위해 직원들에게 아이패드를 제공하는 것은 그렇다고 해도, 아직 업무에 투입되지 않은 입사내정자에게 아이패드를 제공하는 이유는 무엇일까?

그 이유는 두 가지가 있다. 첫째는 입사 후 바로 아이패드를 활용하게끔 하기 위해서다. 원래 직원들은 회사에서 제공하는 아이패드를 개인적으로 사용해도 된다. 만약 입사 전부터 아이패드 조작에 능숙해진다면 입사 후에 바로 아이패드를 활용하여 업무를 할 수 있는 전력이 된다. 즉, 선행투자다.

또 하나는 채용 활동에 미끼가 되기 때문이다. 취업준비생들은 태블릿 단말기를 갖고 싶어도 경제적인 여유가 없다. 스마트폰을 유지하는 것만으로 벅차다. 따라서 아이패드를 제공한다는 조건을 들으면 기뻐하며 지원한다.

비용 때문에 이런 채용 조건을 내세우기가 꺼려지지 않느냐고 할지도 모르지만, 입사 지원자가 아닌 내정자에게만 아이패드를 제공한다. 게다가 내정자가 정식으로 입사한다면 결국은 아이패드를 제공하게 되니 실제 비용은 달라지지 않는다. 이 덕에 인재를 채용하기 쉬워진다면, 비용이 미리 들 뿐이지 손해는 아니다.

무릇 지금은 인력 채용에 드는 비용을 아낄 때가 아니다.

무사시노는 2017년 2월, JR 신주쿠역에서 바로 연결되는 미라이나타워 10층에 세미나실을 임대했다. 미라이나타워의 월 임대료는 꽤 비싸서, 그 전에 빌렸던 신주쿠 주변 세미나실 임대료를 전부 합친 금액의 1.5배가 넘는다. 그래도 이 세미나실을 빌린 이유는 인력 채용에 도움이 되리라고 판단했기 때문이다.

이전에는 도심에서 떨어진 히가시코가네이에 있는 본사에서 취업설명회를 했었다. 하지만 신주쿠 미라이나타워에서 취업설명회를 개최하고 나서부터는 참석자 수가 매번 최고를 기록하고 있다. JR 신주쿠역에서 바로 연결되며 도보로 15초라고 하는 접근성이 큰 역할을 했다.

미라이나타워는 외관도 훌륭하고 날씨가 좋은 날에는 도쿄 스카이트리까지 보인다. 평소에는 블라인드를 내려 두지만, 취업설명회를 할 때는 블라인드를 전부 걷어 도쿄 스카이트리가 보이도록 한다. 취업준비생들은 이것만으로도 회사에 대해 좋은 인상을 받는다.

2018년에는 26명을 채용하기로 했는데, 그해 말까지 입사를 취소한 내정자는 없었다. 2019년 1월에 1명이 입사를 포기했지만, 추가로 내정자를 뽑았으니 채용계획만큼 필요한 인원을 확보할 수 있었다. 수요가 넘치는 시장에서 원하는 인재를 확보할 수 있었던 비결은 아이패드를 제공한다거나 미라이나타워 세미나실을 임대한 사실에서 드러나듯이 인력 채용에 제대로 돈을 쓰기 때문이다.

기존 직원을 활용해 인재를 확보하는 방법

태블릿 단말기나 도심에 있는 사무실로 취업준비생을 유혹하는 것이 아니라 기존 직원들에게 돈을 써서 인재를 확보하는 회사도 있다.

운송업계는 현재 운전기사 부족이 심각한 상태다. 하지만 이케하타 운송 주식회사(운송업, 미에 소재)는 2013년부터 5년간 77명을 고용했다. 정규직이 174명인데, 40퍼센트를 넘는 직원이 입사한 지 5년이 채 지나지 않았다. 직원이 늘어나는 상황이라 사세 확장에 있어 인력 부족으로 발목을 붙잡힐 일도 없고 실적도 호조를 보인다.

어떻게 이 많은 직원을 채용할 수 있었을까?

이는 직원소개제도를 꾸준히 시행하면서, 신규 인력을 확보하는 데 도움을 준 직원들에게 충분한 대가를 지급했기 때문이다. 이케하타 히로키 사장은 오래전에 직원소개제도를 도입했다. 당시 신규 인력 소개료는 30만 원이었는데, 그 금액으로는 아무도 적극적으로 지인을 소개하려 하지 않았다. 그래서 나는 효과가 있을 때까지 소개료를 올려보라고 충고했다. 소개료로 300만 원을 지급하기로 하자, 직원들은 너나없이 다른 회사의 직원들에게 이직을 제안했다. 가장 적극적이었던 직원은 무려 8명을 소개해 2,400만 원을 받았다.

소개료 2,400만 원을 아깝다고 생각한다면 안 된다. 이케하타 사장은 2,000만 원을 들여 구인 광고를 했었는데 1명도 채용하지 못한 적도 있다. 2,000만 원으로는 1명도 채용하지 못하고 2,400만 원으로는 8명의 인재를 채용했다면 당연히 후자가 낫다.

이케하타 사장은 현명하게도 소개료를 한 번에 지급하지 않고 세 번에 나누어 준다. 해당 인력이 입사한 후에 3분의 1, 반년이 지난 후에 3분의 1, 1년 넘게 근속한 후에야 나머지 3분의 1을 지급한다. 겨우 확보한 인력이 입사한 후에 바로 그만둔다면 채용에 든 비용이나 교육비를 헛되이 쓴 상황이 되기 때문이다. 3회로 나누어 지급하면 소개한 직원도 자신이 영입한 인력을 손수 챙기기 때문에 그렇게 쉽게 그만두지는 않는다.

실제로 최근 수년간 매년 18명 안팎의 인력을 채용했고, 1년을 채우지 못하고 퇴사한 사람은 3명 정도다. 인재 유동성이 굉장히 높은 운송업계에서는 경이적인 숫자다.

학교를 설립해 인재를 미리 확보한다

주식회사 리비아스(이미용, 오사카 소재)의 오니시 마사히로 사장은 인력 채용을 위해 학교까지 설립했다.

리비아스는 공격적으로 매장을 개점해 매출을 7년 만에 3배로 늘린 기업이다. 현재 매장 수가 일본 전역에 254개인데, 매년 25개씩 직영점을 늘리고, 프랜차이즈 매장까지 포함해 5년 안에 500개 이상의 매장을 운영하는 것이 목표다.

이런 리비아스의 사세 확장을 뒷받침해주는 것은 바로 자체적으로 운영하고 있는 이미용사 양성학교다. 일본에서 이미용사는 국가 자격이다. 예전에는 문부과학성에서 인가한 전문학교를 졸업해야 자격을 취득할 수 있었지만, 이제는 규제가 완화되어 후생노동성에서 인가한 이미용사 양성학교를 나와도 시험에 합격하면 자격증을 딸 수 있다. 오니시 사장은 6억 원의 초기 비용을 들여 이미용사 양성학교를 설립했다.

구조는 이렇다. 리비아스는 이용사나 미용사가 되고 싶은 학생을 직원으로 고용한다. 평일 낮에는 학교에서 자격 취득을 위한 공부를 하고 평일 저녁에 약 3시간, 그리고 주말에 매장에서 일하게 한다. 직원이므로 당연히 급여를 지급하는데, 초봉이 약 200만 원이다. 양성학교의 학비는 2년간 1,500만 원이다. 2년간 급여로 약 4,800만 원을 벌 수 있으니 학비를 내도 3,300만 원이 남는다. 또한 학비는 매달 20~30만 원씩 나누어 낼 수 있으므로 자격을 취득하기 전에도 생활비는 충분히 남는다.

전문학교에 다니려면 2년간 학비가 3,000~4,000만 원이 필요한데, 그에 비해 리비아스에서 설립한 양성학교에 다니면 돈을 벌면서 자격시험도 준비할 수 있다. 그러다 보니 이용사나 미용사를 지망하는 학생들이 점점 모여들고 있다.

양성학교 설립에 든 초기 비용과 직원들이 자격을 취득하기 전까지 지급하는 2년간의 급여를 계산해보면 투자 비용이 상당하다. 하지만 인력이 안정적으로 공급되면서 매장 개점 속도가 빨라져, 최근 매출이 360억 원을 넘어서는 등 수십억 단위로 성장하고 있다. 투자한 비용을 문제없이 회수하고 있는 셈이다.

채용 대상을 돈으로 직접 유혹하는 방식이 있는가 하면 직원소개제도나 학교 설립처럼 채용 구조에 돈을 들여서 인력을 확보하는 방식도 있다. 각 기업의 상황에 따라 가장 효과적으로 돈을 사용하는 방법이 무엇인지 고민하기 바란다.

돈이 들지 않는 인력 채용 비법

돈이 들지 않는 인력 채용 비법이 하나 있다. 사장이 직접 취업설명회에 참석해서 회사를 소개하는 것이다. 보통 취업설명회에서는 인사 팀장이나 인사 담당자가 회사에 관해 설명한다. 하지만 이들은 회사 홈페이지에 실린 내용 정도만 말할 뿐이다. 회사의 계획이나 발전 가능성에 대해 설득력 있게 말할 수 있는 사람은 사장이다. 취업준비생에게 회사의 매력을 알리고 싶다면 사장이 직접 설명하는 편이 효과적이다.

돈과
인재

단, 본인이 하고 싶은 말만 한다면 사장이 직접 회사를 소개하는 효과는 떨어진다.

나는 매년 취업설명회의 단상에 선다. 기본적으로 전하고 싶은 내용은 같아서 십수 년 전에 작성한 연설 원고를 사용하고 있다. 하지만 취업준비생들이 듣고 싶은 내용은 시대에 따라 다르다. 그에 따라 이야기하는 내용을 매년 조금씩 바꾸기 때문에 취업준비생들도 진지하게 귀를 기울인다.

중요한 점은 취업준비생이 무엇을 듣고 싶은지 알아야 한다는 사실이다.

무사시노의 입사내정자는 의무적으로 입사 전에 하루 동안 나와 같이 다니며 수행원 일을 해야 한다. 경영 컨설팅 회원사를 대상으로 하는 '수행원 체험'은 하루에 360만 원인데, 2년 후까지 예약이 마감되었을 정도로 인기 있는 프로그램이다. 입사내정자로서는 돈을 내지 않고 같은 경험을 할 수 있는 좋은 기회다. 경영 컨설팅 회원사의 사장들은 경영자로서 무언가 비법을 배우려는 욕심에 수행원을 자처하지만, 입사내정자는 그럴 필요가 없다. 입사내정자에게는 무사시노의 있는 그대로의 모습을 보여주고, 사장이 어떤 일을 하는지 피부로 느끼게 해주려는 것이다.

사실 입사내정자를 수행원으로 데리고 다니는 목적은 하나 더 있다. 정보 수집이다. 그렇다고는 해도 내가 질문하지는 않는다. 입사내정자는 나와 같이 다니는 하루 동안 내게 무엇이든 물어볼 수 있다. 보통 50개 정도의 질문을 준비해 오는데, 그 질문 내용으로 취업준비생들이 현재 가장 관심 있는 것이 무엇인지 파악한다.

예전에는 급여가 얼마인지, 몇 년이 지나야 과장이 되는지 등의 질문이 많았는데, 최근에는 야근을 얼마나 하는지와 같은 근무 조건에 관한 질문이 늘었다. 또 무슨 이유에서인지 일하지 않는 일요일에는 무엇을 하느냐는 등 내 사생활에 관한 질문도 많아졌다. 그런 것을 알아서 뭘 어쩌려는지는 모르겠지만, 숨기지 않고 파친코와 경마라고 대답한다.

이유야 어떻든 취업준비생들이 무엇을 궁금해하는지 알면 된다. 그렇게 수집한 정보를 취업설명회에서 회사를 소개할 때 적절히 섞어주면 취업준비생들의 듣는 태도가 달라진다.

실제로 취업설명회가 어땠는지는 입사 후 첫 번째 회식에서 신입사원들에게 직접 물어보며 확인한다. 최근에는 '실패를 평가한다', '가족을 희생하면서까지 회사가 발전하지 않아도 좋다'고 한 말이 인상적이었다고 했다. 이런 말들은 다음 취업설명회에서도 강조하려고 한다.

다만 입사 전에는 무엇이 가장 인상적이었는지 묻지 않는다. 입사 전에는 본심을 드러내지 않기 때문이다. 실제로 회사에 다니게 되고 입사가 취소될 위험이 사라지고 나서야 본심을 말한다. 따라서 이런 정보 수집은 내정자들이 입사한 이후 하는 것이 좋다.

젊은 세대의 가치관에 맞춰 회사 체계를 바꾼다

입사내정자로부터 수집한 정보는 채용 활동뿐 아니라 입사

후 인력 관리에도 활용한다. 예전에 무사시노는 자사의 가치관과 부합하는 사람만 선별해서 채용했지만, 지금은 반대다. 젊은 세대의 가치관에 맞춰 회사 체계를 바꾸고 있다. 야근을 줄인다거나 유급휴가를 소진하게 하는 것도 젊은 세대의 가치관에 맞춰 나가려 하기 때문이다.

영업 활동도 개인전에서 셋이 한 팀으로 움직이는 단체전으로 바꾸었다. 앞서 언급한 꽃의 3팀, 즉 2003년에 입사한 네 사람처럼 예전에는 동기들이 서로 강력한 경쟁자가 되어 실적을 다투었다. 하지만 지금은 모두 함께 사이좋게 목표를 달성하려 한다. 따라서 능력이 비슷한 세 사람을 묶어서 경쟁보다는 협력하면서 영업 활동을 하게 한다.

돈으로 직원을 유혹하는 방식도 가치관의 변화에 따라 연구가 필요하다.

요즘은 출산율이 낮아 형제가 없거나 많아야 둘인 가정이 대부분이다. 아이들끼리 노는 시간보다 어머니와 함께 있는 시간이 길어져서 여성 문화의 영향을 많이 받는다.

금전적인 면에서 이야기하자면 여성은 각자 비용을 나누어 낸다. 서로 사주고 얻어먹는 남성과 달리 돈이든 부담이

든 공평하게 나누는 것을 선호한다.

지금의 젊은 세대는 이런 문화 속에서 자랐기에 포상금이나 성과급도 나누기를 원한다. 따라서 같은 팀이라 하더라도 우열이 있겠지만, 셋에게 공평하게 성과급을 지급한다.

돈으로 야근을 줄이도록 유도한다

젊은 세대에게 야근이란 '악의 제도'다. 무사시노는 이런 가치관을 고려해서 일인당 월평균 76시간에 달하던 야근 시간을 17시간까지 줄였다.

야근을 대폭 줄인 배경에도 역시 돈의 힘이 있다. 젊은 세대는 야근을 싫어하지만, 자녀가 있는 중견 사원은 오히려 야근을 바라기도 한다. 야근 수당이 생활비에 보탬이 되기 때문이다. 이런 상황을 고려하지 않고 야근을 줄이라고 한들 중견 사원은 듣지 않는다. 그래서 야근 시간을 상여금에 연동시켰다. 매출에 영향을 주지 않고 야근 시간을 줄이면 상여금을 120퍼센트 지급하는 규정을 만들었다. 또 시급을 받는 시간제 근무자나 아르바이트생 역시 야근이 줄어들면 수입이 감소하는 처지이기에, 월 50시간 이내로 야근을 줄이면 상여금을 200퍼센트 지급하기로 했다. 이렇게 되면 생활비가 부족할까 봐 걱정하지 않고 야근을 줄일 수 있다.

무사시노가 2017년에 지급한 상여금은 전년 대비 157퍼센트에 달한다. 야근 수당을 줄여서 상여금을 확보한 덕이다.

다카이 제작소(두부 제조기, 이시카와 소재)의 다카이 도이치로 사장도 돈을 현명하게 써서 야근 시간을 줄였다. 다카이 제작소가 야근 시간을 줄인 원동력은 소소한 업무 개선 노력이다. 우선 직원들의 업무 개선 제안을 상여금에 연동시켰다. 그리고 6개월에 한 번 업무 개선 제안 발표회를 열어서 1등에게는 최고급 점심식사권, 2등에게는 고급 점심식사권, 3등에게는 일반 점심식사권을 지급했다. 그랬더니 개선 제안이 급증해서 지금은 연간 2,000건이 넘는다고 한다.

또 직원들에게 아이패드를 제공한 효과도 톡톡히 봤다. 원래는 과장급 이상에게만 아이패드를 제공하고 업무에 활용하게 했는데, 업무 효율화를 실감하고 전 직원에게 제공하는 것으로 확대했다.

이런 성과로 야근 시간은 최고였을 때보다 약 30퍼센트 줄어들었다. 원래 퇴사자가 적은 회사이기는 했지만, 이직률이 더 낮아졌다. 직원들이 그만두지 않으니 매출 역시 늘어나서 3년 전과 비교했을 때 150퍼센트 상승했다. 인재 전략이 성공하면 결과적으로 회사의 실적도 오르기 마련이다.

야마구치 도미마사 사장이 이끄는 주식회사 야마덴(플라스틱 가공, 도쿄 소재)도 마찬가지다. 야마덴의 공장 직원들은 업무 개선 제안에 적극적이었다. 문제는 사무직 직원들로부터는 업무 개선 제안이 전혀 없다는 것이었다.

그래서 야마구치 사장은 매달 '현금 다발 작전'이라고 이름 붙인 업무 개선 제안 발표회를 개최했다. 개선 결과를 직원들이 살펴본 후, 효과가 좋았다고 생각하는 제안에 일인당 3,000원의 돈과 함께 투표하게 했다. 이렇게 모은 돈을 나누어 1~3등 제안자에게 상금으로 지급했다.

이 발표회가 열린 이후로 공장뿐 아니라 사무직 직원들도 개선 방안을 제안하기 시작했다. 그때까지 직접 키보드를 쳐서 입력하던 작업 일부를 바코드 리더기로 입력하는 방식으로 바꾸자는 제안도 있었다. 제안 자체는 소소한 개선 방안

이었지만 이런 것들이 계속 쌓이다 보니 야근이 많이 줄어서
직원들의 정착률도 좋아졌다.

연간 5억 2,000만 원을 직원들의 소통을 위해 쓴다

직장인은 급여나 야근 등의 '조건'을 보고 입사를 결정한다. 하
지만 회사를 그만둘 때는 무엇이 계기가 될까? '인간관계'다.

급여가 많고 야근이 적어도 직장 내 인간관계가 힘들어지면
스트레스가 쌓이고 회사를 그만두고 싶어진다. 반대로 급여가
적고 야근이 많아도 인간관계가 좋다면 참고 다니게 된다.

물론 직원들의 급여를 올리고 야근을 줄이려는 노력은 중
요하지만, 최우선으로 신경 써야 하는 사항은 직원들 간의
대화를 활성화해서 소통이 잘 이루어지게 하는 것이다. 이것
이 이직률을 낮추는 가장 중요한 비법이다.

무사시노 직원들이 회사를 그만두지 않는 이유는 수많은
회식 자리를 통해서 긴밀하게 소통이 이루어지기 때문이다.
경영계획서에 명시된 '사내 소통에 관한 방침'에는 다음과 같

은 회식을 의무화하고 참석을 권장하고 있다.

부서 회식, 사장과의 식사, 사장과의 간담회, 직급별 회식, 우수 아르바이트생을 위한 회식, 상사와 부하의 일대일 회식, 다른 부서 상사와 일대일 식사 등이 대표적이다.

이런 회식에는 어떤 형태로든 수당을 지급한다. 또한 2억 5,000만 원의 예산이 책정된 회식 외에도 1억 1,000만 원의 예산이 책정된 부서 워크숍, 1억 6,000만 원의 예산이 책정된 전체 워크숍과 같은 행사도 있다.

이렇게 직원들 간의 소통을 위한 활동에 드는 비용이 연간 5억 2,000만 원이다. 적은 액수는 아니지만 이를 통해 직원들의 관계가 돈독해지고 퇴사자가 줄어든다면 아깝지 않다.

회식 자리에도 규칙이 있다

'회식에 이런 효과가 있다고는 믿기 어렵다', '실제로 우리도 회식을 자주 하지만, 사람이 계속해서 나간다'라고 의문을 제기할 수도 있다.

만약 회식 자리가 많아도 직원들이 자주 그만둔다면 이는 회식이 단순히 먹고 마시는 자리가 되었기 때문이다. 그런 회식 자리라면 사장은 설교하고 상급자는 자기 자랑만 하고 내향적인 사원은 그저 먹을 뿐이다. 개인적인 모임이라면 어떻게 먹고 마시든지 각자 마음대로 해도 되지만, 회사에서 비용을 부담하는 회식이라면 그래서는 안 된다.

무사시노에서는 회식을 복리후생이 아닌 교육연수로 취급한다. 따라서 다른 교육연수 프로그램과 마찬가지로 회식에도 매뉴얼이 있다. 인원수, 앉는 자리, 체크인이라고 불리는 근황 보고 방식도 정해져 있다. 매뉴얼대로 회식을 진행하면 직급이나 성격에 상관없이 모두 대화를 나누게 된다.

경영 컨설팅 회원사의 어느 사장으로부터 무사시노의 회식은 어떤 방식으로 이루어지는지 알고 싶다는 이야기를 듣고 2018년부터 '커뮤니케이션 실천 교실'을 개강했다. 각종 회식뿐 아니라 워크숍 등의 사내 행사에 대해서도 무사시노의 비법을 가르쳐주는 프로그램이다. 정원은 10명, 수강료는 6회에 걸쳐 2,700만 원이지만, 1기는 바로 마감되었다. 그만큼 직원들 간의 소통에 대해 고민하는 경영자들이 많은 듯하다.

커뮤니케이션 실천 교실을 수강하면 무사시노의 회식을 실제로 견학하고 직원들에게 질문을 건넬 수도 있다. 이 프로그램을 만들었을 때 직원들로부터 누군가가 지켜보니 동물원의 원숭이가 된 기분이라 편하지 않다는 불만이 나왔다.

"어리석기는, 동물원 원숭이들은 돈을 벌지 못하잖아. 바로 정원이 마감될 정도이니 당신들은 그 어떤 스타 동물보다도 인기가 많은 거라고. 영광으로 생각해"라고 설득했더니 불만이 가득했던 직원의 표정도 풀렸다. 설득하기 쉬운 직원이라 다행이었다.

외부 사람들보다는 내부 직원들과 술을 마신다

사장은 최고 영업사원으로 거래처와 술을 마시는 기회가 많다. 하지만 외부 접대에 열중한 나머지 직원들과의 회식에 소홀해서는 안 된다.

주식회사 닛신관광(여행, 후쿠오카 소재)의 미야모토 도시노리 사장은 거래처하고만 술자리를 가졌다. 돈을 써가며 술을

돈과
인재

73

마신다면 직원들과 술을 마시는 데 돈을 쓰라고 충고했더니, 미야모토 사장은 그 충고를 받아들여 직무별로 사장과의 회식 자리를 마련했다. 그러다 보니 직원들에게 관심이 깊어지고 지금까지는 무관심했던 직원의 생일이나 가족 구성원에 대해서도 신경을 쓰게 되었다고 한다.

직원들과 같이하는 자리가 중요하다고는 해도, 사장이 일방적으로 이야기하는 자리여서는 안 된다.

앞서 언급한 주식회사 미우의 미야시타 사장은 사비를 들여 직원들과 일대일로 회식을 한다. 하지만 분위기를 잘 타다 보니 듣는 역할에 머무르지 못하고 본인 이야기를 늘어놓고는 한다. 결국 직원에게는 그저 술을 마시는 자리고, 참고 견뎌야 하는 시간이 될 뿐이다. 이래서는 돈을 현명하게 쓰기는커녕 헛돈을 쓰는 것이다.

나는 1년에 네 번, '사장과의 식사' 자리를 마련한다. 간사 1명과 직원 4명만 참석하는 작은 모임이다. 공개 신청을 받아서 간사가 참석자를 선별하는데, 항상 정원의 몇 배나 되는 인원이 몰려든다. 왜냐하면 내게 무엇이든 물어볼 수 있는 시간이기 때문이다.

'지금의 부서에서 성과를 내려면 어떻게 하면 좋을까?', '상사와 잘 지내려면 어떻게 해야 할까?', '자신의 적성 진단 테스트 결과는 어떤가?' 등과 같은 업무 관련 고민에서부터 '아내와 대화하기가 쉽지 않다', '어째서 애인이 생기지 않을까?', '돈을 모으기가 어렵다' 등과 같은 개인적인 고민까지 무엇이든 물어볼 수 있다. 사장이 일방적으로 이야기하는 자리와는 전혀 다르기에 직원들에게 인기가 많다.

'사장과의 식사' 참석 회비는 5만 원이다. 1차 식사비는 내가 내고, 회비로 걷은 돈은 간사에게 건네서 내가 돌아간 후에 2차 회식비로 사용하게 한다.

귀찮게 이럴 필요 없이 처음부터 회비를 받지 않으면 된다고 생각한다면 어리석다. 전혀 돈을 내지 않는 자리라면 참여 의식이 싹트지 않는다. 한 푼이라도 내 지갑에서 돈이 나가야 본전을 찾겠다고 생각하고 적극적으로 대화에 참여하게 된다.

예전 명칭은 '사장과의 식사'가 아니라 '사장과 옮겨 다니며 술 마시기'였다. 시대가 변해서 술을 잘 마시지 않는 직원들이 늘어나다 보니 문턱을 낮추기 위해서 명칭을 바꿨다. 미우의 미야시타 사장 역시 일대일 술자리 대신 '직원과의 점심

식사'로 형태를 바꾸었다. 점심이라면 술에 취해 분위기가 이상해질 일도 없고 미야시타 사장도 듣는 역할에 집중할 수 있다. 또 술이 약한 사람도 참석할 수 있어서 직원들 사이에서 호평이라고 한다.

그만두려는 직원은 잡지 않는다는 규정을 바꾼 이유

직원이 회사를 그만두겠다고 하면 어떻게 해야 할까?

예전에 무사시노는 입사한 지 5년이 넘는 직원을 그만두지 못하게 잡는다면 경위서를 써야 한다는 규정이 있었다.

이유는 두 가지다. 첫 번째 이유는 붙잡아도 결국은 회사를 그만둘 것이기 때문이다. 입사한 지 5년이 지난 직원은 회사의 장단점을 모두 알고 있다. 그런 직원이 회사를 그만두겠다고 판단했다면 회사와 도저히 맞지 않는 부분이 있다는 의미다. 달래서 계속 회사에 다니게 하더라도 1년 정도일 뿐, 3년 이상 다니지는 않을 것이다. 반대로 아직 쓴맛도 단맛도 모르는 입사 5년 미만의 직원은 온 힘을 다해 퇴사를 만류한다. 계속 다니다 보면 무사시노에서 일하는 즐거움과 이점을 깨달을 가능성이 크기 때문이다.

중견 사원을 잡지 않는 또 하나의 이유는 상급자가 떠나면 그 아래 직원이 성장하기 때문이다. 무사시노의 매출 규모가 300억 원이었을 때, 부사장급 임원이 퇴사한 적이 있다. 경영 컨설팅 회원사의 어느 사장이 실적이 떨어지지 않았느냐고 물었는데, 굉장히 통찰력이 뛰어나다. 그 임원이 퇴사한 후 반년간은 실적이 떨어졌다.

하지만 그 후에는 실적이 꾸준히 늘어나서 현재는 매출 규모가 700억 원에 달한다. 어째서일까?

당시에 그 임원이 빠진 자리를 메우기 위해, 지금은 고인이 된 니시노 요이치를 임원으로 승진시켰다. 그러자 니시노의 아래에 있던 사토 요시아키가 '나도 임원으로 승진할 수 있지 않을까'라는 기대감에 열심히 일하기 시작했다. 그렇게 아래에 있던 직원들이 높은 자리를 목표로 삼고 전력을 다하면서 회사 전체가 활성화되었다.

하지만 이제는 퇴사하려는 직원을 붙잡지 않는다는 방침을 완전히 바꿨다. 입사한 지 얼마가 되었든 퇴사하겠다는 직원을 붙잡지 않으면 경위서를 써야 한다.

앞서 지적했듯이 지금은 인구가 줄고 일거리는 늘어난 시대, 인구가 줄어서 인력 보충이 어려운 시대다. 또한 일거리가 늘어나면 새로운 관리직이 필요해진다. 상급자가 떠나지 않더라도 아래 직원이 성장할 기회가 생기기에 상급자가 회사를 그만둘 때 생기는 이점이 적다. 따라서 지금은 온 힘을 다해 떠나려는 인재를 잡고 있다.

한 번 그만두려고 생각한 직원은 결국 그만둔다고 했지만, 이는 회사가 변하지 않을 때의 이야기다. 현재 무사시노는 블랙 기업에서 화이트 기업으로 변해가고 있다. 그리고 더 나아지기 위해 여러 가지 제도를 계속 도입하고 있다. 회사가 변하면 그만두려 했던 직원의 생각도 당연히 바뀌는 법이다.

빚에 허덕이는 직원을 어디까지 도와야 할까?

무사시노 직원은 동료가 병에 걸려 입원하더라도 병문안을 해서는 안 된다. 냉정한 회사라고 비난할지도 모르지만, 이는 오히려 직원들을 위해서 만든 규정이고 따뜻한 배려다.

창피한 이야기지만 예전에 술을 마시고 행패를 부리다가 유치장에 들어간 직원이 여럿 있었다. 경찰차를 뒤집어엎은 직원도 있었다. 지금까지 10명 이상의 직원이 경찰의 신세를 진 듯하다. 최근에는 현저히 줄어들었지만 몇 년에 한 번씩은 경찰에 잡혀가는 직원들이 있다.

유치장에 갇히면 당연히 회사에 나올 수 없다. 그 이유를 모두에게 밝히면 당사자는 회사에 복귀하기가 힘들어진다. 따라서 회사 내에는 병으로 급하게 입원했다고 공지한다. 병문안을 금지했기에 사실을 들키지 않고 복귀할 수 있다.

이런 비밀을 밝히면 나쁜 짓을 저지른 직원을 너무 봐주는 것 아니냐고 비판을 받을 것이다. 하지만 인간은 교육을 통해 달라질 수 있다고 믿는다. 갱생할 수 있다고 판단된다면 가능한 한 기회를 주고 싶다. 기업이 법을 지키고 사회적 윤리를 중시해야 하는 시대지만, 이 규칙만은 바꾸지 않고 시행하고 있다.

하지만 사채 빚을 많이 진 직원은 갱생할 수 있는지 여부를 판단하기 어렵다. 대부업에 대한 규제가 느슨했던 시기에 무사시노에도 빚을 지고 허덕이는 직원들이 속출했다. 그때마다 내가 대부업체와 교섭해서 갚을 수 있을 만큼 월 상환금을 낮춰주었다. 대부업체도 불량 채권으로 만들기보다 감액해서라도 확실하게 회수하는 편이 이득이고, 근무처의 사장이 나서서 변제계획을 말하면 안심한다.

하지만 빚에 허덕이는 직원을 모두 돕지는 않는다. 우선 근속연수가 적은 직원은 제외한다. 회사에 공헌도가 낮은 직원을 도우면 오랫동안 묵묵히 일한 직원들에게 미안해진다.

또 빚의 규모가 커도 돕지 않는다. 내가 대부업체와 교섭해주는 대상은 빚이 연봉 범위 내인 직원들만이다. 어디까지나 내 견해지만 연봉 4,000만 원인 직원이 4,000만 원의 빚을 지고 있다면 겨우겨우 갱생할 수 있지만, 빚이 6,000만 원이면 가망이 없다. 돕는다 한들 도둑에게 돈을 주는 어리석은 짓이 될 수도 있어서 이럴 때는 스스로 책임지게 한다.

곤란한 지경에 빠진 직원을 안쓰럽게 여기는 마음은 필요하다. 하지만 다른 직원들이 불공평하다고 느끼거나, 돕는데 쓴 돈이 헛돈이 되어서는 안 된다. 아무리 인력이 부족하다고 해도 엄격한 잣대로 판단하기 바란다.

돈과 직원 교육

과장과 부장의 역할은 다르다

무사시노는 2017년, 연매출이 700억 원을 넘어섰다. 내가 사장에 취임한 1989년 매출이 70억 원이고, 내가 70세가 되던 해 70억 원 규모의 회사를 700억 원 규모로 만들었으니 쓰리 세븐, 잭팟이 아닐까?

2016년 매출은 610억 원이었으니, 2017년에는 전년 대비 115퍼센트 성장을 이루었다. 이런 추세가 계속된다면 연매출이 1,000억 원을 넘는 날도 머지않은 듯하다.

불면 날아갈 듯했던 작은 회사가 인재 양성에 힘을 쓰고

업계에서 위세를 떨치는 회사가 되었다. 내가 공헌한 바가 크다고 말하고 싶지만 유감스럽게도 그렇지 않다. 직원들이 능력을 갈고닦아 새로운 매출을 창출한 덕에 무사시노는 성장할 수 있었다.

과장급 직원은 정해진 업무로 매출 신장을 위해 노력해야 한다. 즉, 지난해와 같은 업무를 하면서 매출을 올리면 좋은 평가를 받는다.

하지만 부장급 이상 직원은 다르다. 부장급 이상의 역할은 새로운 매출을 창출해내는 것이다. 부서의 매출과 이익이 지난해보다 높아도 이전과 같은 업무만 수행했다면 좋은 평가를 받지 못한다. 실제로 전년 대비 실적은 상승했지만 C 평가를 받은 부장이 여럿이다.

이런 규칙 탓에 부장급 이상의 직원은 새로운 사업이나 상품 개발에 상당한 노력을 쏟는다. 무사시노의 회식 문화를 참관하는 '커뮤니케이션 실천 교실'도 술을 좋아하는 나카시마 히로키 본부장이 본인의 취미에 사업을 접목해서 개발한 신규 프로그램이다. 평가로 이어지지 않았다면 그냥 혼자 술을 마시다가 끝났을 것이다.

매출 700억 원 중에 내가 직접 관여해서 발생한 매출은 약 150억 원에 지나지 않는다. 나머지 550억 원은 직원들이 만들어낸 성과다. 이 숫자에서도 무사시노가 성장한 배경에는 직원들의 성장이 있다는 사실이 드러난다.

왜 고졸 사원이 명문대 출신보다 일을 잘할까?

무사시노 직원들은 어떻게 이만큼 성장할 수 있었을까?

무사시노 직원들은 원래부터 우수한 사람들은 아니다. 현재 무사시노의 임원 대부분은 고졸 출신이고, 대졸이라고 해도 유명 대학 출신이 아니다. 채용 조건이 좋아지면서 최근에는 대졸 직원이 늘어났지만, 남자 직원 중에 일본 국립대 출신은 1명도 없다. 도쿄 6대 명문대 출신도 겨우 3명인데, 이 셋도 대학 시절 성적은 뒤에서 세는 것이 빠른 사람들이다. 그리고 대졸 사원 대부분은 '하코네 역전 경주(일본 간토 지역 23개 대학 대표 선수들이 달리는 경기-옮긴이)'에서 이름을 들을까 말까 한 수준의 대학도 다니지 못했다.

공부를 잘하지 못했던 직원들이 새로운 매출을 창출할 수 있는 업무 역량을 갖추게 된 비결은 단 하나다. 20년 넘게 직원 교육을 계속해왔기 때문이다. 교육의 성과는 양에 비례한다. 타고난 능력이 좋지 않아도 꾸준히 노력하면 국립대를 졸업한 사람에게 뒤처지지 않는 업무 역량을 갖추게 된다.

인재 전략을 중시하기 전에는 무사시노도 퇴사자가 가끔 있었다. 무사시노의 직원들과 개인적으로 계속 교류하는 퇴사자들도 있어서, 누군가는 무사시노로 다시 돌아오고 싶어 한다는 이야기를 종종 전해 듣기도 한다.

하지만 나는 원칙적으로 무사시노를 그만둔 직원이 다시 입사하는 것을 반대한다. 무사시노를 퇴사하고 다른 회사로 간 직원은 그곳에서 충분한 교육을 받지 못했을 것이 분명하기 때문이다. 퇴사한 지 5년, 10년이 지나면 무사시노에서 계속 교육을 받아온 직원들과 업무 역량 면에서 압도적인 차이가 생긴다. 본인은 예전 무사시노의 수준을 생각하고 돌아오고 싶다고 말할지 모르지만, 그런 생각으로 재입사한다면 틀림없이 좌절할 것이다. 결국은 '이러려고 돌아온 게 아닌데'라고 생각하며 다시 그만두게 될 뿐이다.

직원 교육이 회사에 미치는 영향은 상당히 크다. 교육할 시간에 상품을 하나라도 더 팔게 해야 할까? 아니면 상품 판매도 중요하지만 직무 교육을 잊지 말아야 할까?

장기적인 안목으로 보자면 후자가 회사를 성장시키는 밑거름이 된다.

연간 10억 원을 직원 교육에 쓴다

회사가 직원 교육을 얼마나 중요시하는지는 교육비를 얼마나 쓰는지로 알 수 있다. 무사시노의 2017년 교육연수 비용은 10억 원이었다. 비슷한 규모의 회사 중에서 직원 교육에 이 정도 비용을 쓰는 곳은 없을 것이다.

주식회사 미쓰이 개발(종합 환경 서비스, 히로시마 소재)의 미쓰이 다카시 사장은 본인 혼자 교육을 받으면 된다고 생각하고 무사시노의 '실천 경영 교실'에 등록했다. 하지만 사장 혼자 교육을 받아서는 회사가 발전하지 않는다.

실천 경영 교실 수강생은 첫날 면담에서 내게 5분간 무엇이든 물어볼 수 있다. 하지만 그 면담 시간에 내가 반대로 왜 임원들과 같이 오지 않았느냐고 묻자 미쓰이 사장은 당황해서 아무 말도 하지 못했다. 돈을 내고 세미나에 참석했는데 원하는 질문을 하지 못했던 미쓰이 사장은 나중에 담당자에게 불만을 제기했다. 불만을 제기했다는 것은 여전히 본인 혼자 교육을 받으면 된다고 생각한다는 증거다. 다음 강연 후에 또 한 번의 면담 시간이 있었는데 나는 "임원들도 같이 교육받게 할 생각이 없으시다면 그만 돌아가시지요. 수강료는 환급해 드리겠습니다"라고 말해서 다시 한 번 쐐기를 박았다.

그날 밤 실천 경영 교실 수강생들이 모두 술을 마시러 갔는데, 미쓰이 사장이 내 태도에 굉장히 화를 냈던 듯하다. 하지만 미쓰이 사장은 냉철한 머리를 갖고 있었다. 다음 날 자신이 화가 난 이유는 정곡을 찔렸기 때문이라는 사실을 깨닫고 담당자에게 직원 명부를 건넸다. 20명이 넘는 임원의 교육연수 일정을 상담하기 위해서였다.

미쓰이 사장은 결국 자신뿐 아니라 직원들도 함께 교육을 받는 길을 택했다. 무사시노에 지급한 교육연수 비용도 상당했다. 그 결과 직원들의 업무 역량이 향상했고, 4년 연속 최고 매출을 갱신 중이다.

연간 3억 원을 영업사원 교육에 쓴다

에네진 주식회사(연료, 시즈오카 소재)의 후지타 겐에몬 사장도 직원 교육에 쓰는 비용으로는 다른 회사에 지지 않는다. LP가스업계는 경쟁이 극심해서 회사가 성장하려면 신규 고객 개척이 필수다. 하지만 에네진은 정해진 고객을 상대로 하는 영업을 주로 해와서, 직원들은 신규 고객 개척에 적극적이지 않았다. 그래서 후지타 사장은 영업 담당 전원에게 관련 교육을 받게 했다. 그 교육비가 무려 연간 3억 원이다.

최근에 교육을 시작했기 때문에 숫자상으로 효과가 보이려면 좀 더 시간이 걸리겠지만, 이미 눈에 띄게 달라진 부분도 있다.

지금까지는 고객들로부터 해약 통지가 오면 담당자 혼자 고객을 찾아갔다. 하지만 이제는 다른 영업사원이나 영업 활동과 관계없는 사무직 직원이 같이 나서서, 셋이 함께 고객을 방문한다. 한 사람이 설득하기보다는 세 사람이 설득하는 편이 고객의 마음을 움직이기 쉽다. 당연히 해약 건수도 줄었다.

다른 직원들이 영업사원과 동행해서 고객을 설득하러 나선 이유는 이런 활동이 인사 평가에 포함되기 시작한 데다가, 차트 워크(클라우드 서비스를 기반으로 한 실시간 기업용 커뮤니케이션 서비스-옮긴이)를 통해 정보가 공유되고, 동행을 모집하고 응하기가 쉬워졌기 때문이다.

또한 회사가 직원 교육을 위해 3억 원을 쓴다는 사실 역시 직원들의 동기부여에 도움이 되었다. 직원 교육에 돈을 아끼지 않은 덕에 직원들의 태도가 달라진 것이다.

지나친 교육은 역효과를 불러온다

직원 교육은 회사가 성장하는 원동력이 된다. 그렇지만 잘못된 방법으로 실행한다면 오히려 회사의 성장을 저해한다.

인간은 변화보다 현상 유지를 좋아하는 존재다. 새로운 지식이나 기술을 배우는 것은 직원들에게 큰 부담이다. 잘못된 방식으로 직원들에게 부담을 준다면 직원들은 지쳐서 그만두게 된다. 인재 전략을 최우선으로 해야 하는 시대에 이는 치명적인 실수다.

돈과
직원 교육

주식회사 에네치타(LP가스, 아이치 소재)의 고토 야스유키 사장은 이런 사실을 알지 못했다. 고토 사장은 원래 자율방임형 경영자로, '권한 위임'이라는 명분 아래 회사를 직접 챙기지 않고 직원들에게 전부 맡겼다. 그 결과 직원들은 15만 원이나 하는 마우스를 사용할 정도로 경비를 마구 사용하는 결과를 초래했다.

실적이 떨어지고 나서야 어찌해보려 했지만, 소 잃고 외양간 고치는 격이었다. 서둘러 긴축 정책을 시행하려 했더니, 부장들로부터 "사장님은 회사에 나오지 않는 편이 좋겠습니다. 나머지는 저희가 알아서 할 테니"라고 하극상을 당하는 처지가 되었다.

새파랗게 질린 고토 사장은 실천 경영 교실에 등록하고, 동시에 임원 15명도 실천 임원 교실에 등록했다. 혼자서는 회사를 바꿀 수 없으니 이는 올바른 판단이었다. 그리고 회사에는 사무실 정리정돈을 위한 환경정비를 실시했다. 환경정비는 일반 사원을 교육하는 데 필요한 것이기에 이 역시 옳은 선택이었다.

하지만 그 후가 좋지 않았다. 환경정비를 해도 정착하기까지는 아무래도 시간이 걸린다. 사내가 어수선한 상태에서 2개월 후에 새로운 인사평가제도를 도입했다. 그리고 그 외에도 눈에 띄는 교육 과정이 있으면 계속 추가했다. 연달아 추가되는 직원 교육에 직원들은 지쳐갔다. 당시 에네치타의 임직원 수는 80명이었는데 8개월 만에 33명이 그만두어 결국 회사를 유지할 수 없을 정도로 곤란한 상황이 되었다.

나는 고토 사장에게 연락해서 아직 이르다고 생각하는 교육 과정을 취소하게 했다. 당장은 무사시노의 매출이 줄어들겠지만, 에네치타가 도산한다면 장기적으로 더 큰 손해다. 고토 사장도 제정신을 차리고 시기상조라고 생각하는 교육 과정은 정리했다. 직원들의 부담이 줄어들자 퇴사자도 바로 줄어들었다.

현재는 지역에서 압도적인 채용률을 자랑하게 되었고, 직원 수는 90명이 증가했으며, 평균 연령도 41세에서 29세로 낮아졌다. 임직원 수는 시간제 근무자까지 포함해서 257명으로, 직원 수가 가장 적었던 시기에 비하면 5배 이상 늘었다.

직원 교육은 사장의 사랑이다. 하지만 사랑이 지나치면 직원들은 받아들이지 못하고 포기하게 된다. 직원들이 소화불량에 걸리지 않도록 부디 주의하기 바란다.

공부를 싫어하는 직원에게 어떻게 공부를 시킬까?

직원들은 기본적으로 공부를 싫어한다. 유감스럽게도 무사시노에는 자발적으로 공부하는 직원이 없다. 공부를 싫어하는 직원을 책상에 앉히기 위해서는 역시 돈으로 유혹하는 수밖에 없다.

히야마 나오키, 와타나베 토루, 오모리 다카히로, 이 셋을 마케팅사업부의 부장으로 임명했을 때의 이야기다. 이들이 마케팅에 정통해지기를 바라며 '마케팅 비즈니스 실무 검정' 시험을 보게 했다. 다만 공부하라고 해도 하지 않을 것이 뻔했기에, 열성적으로 공부하도록 시험에 합격하지 않으면 본부장으로 승진하지 못한다고 선언했다.

히야마와 와타나베는 바로 시험에 합격했다. 반면에 오모리는 한 번에 합격하지 못해서 직급은 본부장으로 올리되 수당과 상여금을 지급하는 기준은 부장급인 채로 두었다.

직원들을 공부시키기 위해서 막무가내의 방법을 쓰기도 했다. 꽤 오래전 일이지만 하코네에서 합숙하며 직원 교육을 한 적이 있었다. 하코네의 호텔에 도착하자마자 전원에게 지갑을 압수했다. 시험을 봐서 합격한 사람은 하코네에서 지갑을 돌려주고, 시험 성적이 최하위인 2명은 최소한의 교통비만 주고 지갑은 도쿄에서 돌려주겠다고 선언했다. 다른 직원들은 하코네에서 지갑을 돌려받고 특급열차를 타고 느긋하게 맥주를 마시며 귀가했지만, 최하위 2명은 완행열차를 타고 2시간 넘게 걸려 돌아와야 했다.

돈으로 유혹하는 방식이 아니라 벌칙에 가까웠는데, 효과가 굉장해서 모두 필사적으로 공부했다.

교육 수당을 출장 수당의 2배로 지급한다

다른 회사의 예도 살펴보자. 주식회사 산에이 에코 홈(태양광 발전 설비, 가나가와 소재)의 다케나카 스스무 사장도 돈을 미끼로 직원들을 잘 다룬다.

다케나카 사장은 '실천 임원 교실'에 임원 3명을 보냈는데, 교육 수준이 높다 보니 따라가지 못해서 첫날 바로 포기하고 돌아갔다. 그중 둘은 다케나카 사장이 이상한 사람(나를 지칭)에게 세뇌되었다고 말하며 퇴사했다. 이 모습을 보고 다른 직원들도 꺼림칙해 하며 교육을 완강하게 거부했다.

다케나카 사장은 어쩔 수 없이 한동안 혼자 교육을 받았다. 하지만 직원들의 업무 역량을 높이지 않으면 회사가 변하지 않는다는 생각에 직원들에게 다시 교육을 받도록 권했다. 대신 이번에는 무사시노에서 교육을 받으면 출장 수당의 2배를 주겠다고 돈으로 유혹하는 작전을 펼쳤다. 원래 출장 수당은 하루에 1만 5,000원인데, 무사시노에서 교육을 받으면 하루에 3만 원, 1박 2일이라면 6만 원을 받게 된다. 용돈이 부족한 직원이라면 혹할 만도 하다. 작전은 대성공이었다.

동기가 불순해도 결과가 좋다면 괜찮다

한편 앞서 언급한 어드레스 주식회사의 다카오 사장은 돈을 쓰는 기술이 서툴렀다.

일본에서는 부동산 중개소를 개점하려면, 택지건물 거래사 자격 보유자가 있어야만 한다. 하지만 택지건물 거래사 자격시험의 합격률은 15퍼센트 정도다. 중개소를 새로 개점해야 하는데 어드레스에서 3, 4년간 합격자가 나오지 않는 상태가 계속되었다. 다카오 사장도 돈으로 직원들을 유혹하고자, 택지건물 거래사 자격시험에 합격하면 자격 수당으로 매달 15만 원씩 지급하겠다고 공지했다. 하지만 매달 급여가 조금 올라가는 정도로는 직원들의 마음을 움직이지 못했다. 그래서 나는 합격자에게 300만 원을 지급하라고 충고했다.

기존의 자격 수당은 연간 180만 원(15만 원씩 12개월)이고, 다음 해에도 수당을 받으니 2년간 360만 원을 받게 된다. 한편 새로운 합격 수당은 총 300만 원을 두 번에 걸쳐 150만 원씩 지급하는 방식이다(한 번에 큰돈이 생기면 직원들의 금전 감각에 악영향을 미친다). 따라서 사실은 매달 자격 수당을 받는 편이 이득이다. 하지만 어느 정도 큰돈을 받는 것을 선호하는 인간의 심리를 이용해서 300만 원을 지급하라고 충고한 것이다.

수당을 주는 방식을 바꾸자 직원들은 적극적으로 자격시험에 도전했다. 그 결과 11명이 합격했고, 그중에는 시간제 근무자인 여직원도 있었다. 시간제 근무자라고 해도 택지건물 거래사 자격증이 있다면 중개소 개점이 가능하다. 돈을 지급하는 방식을 바꾼 전략이 적중했다.

돈을 목적으로 공부하는 것은 동기가 불순하다고 비판하는 사람도 있을지 모른다. 하지만 동기가 불순해도 결과가 좋다면 괜찮지 않을까? 돈이 목적이든 아니든 공부를 해서 업무 역량을 높이고 성장한다면 직원들에게는 바람직한 결과다. 염려하지 말고 돈을 써서 직원들을 책상에 앉히고 공부를 시키기 바란다.

CHAPTER 2

성공한 사장이
돈을 쓰는 법

돈과 경영

가족 경영 회사를 괴롭히는 지급어음

중소기업을 경영하다 보면 지급 건이 몰리는 월말에 '돈은 사랑'이라는 사실을 통감한다. 창업자가 경영하는 중소기업 대부분은 남편이 사장을, 아내가 경리를 맡는다. 자금 융통이 힘들어지면 부부싸움이 시작되고 집안까지 우울해진다. 가족 경영을 하는 중소기업은 돈과 사랑이 정말 끈끈하게 이어져 있다.

나고야 안경 주식회사(안경도매업, 아이치 소재)의 고바야시 나리토시 사장도 창업자인 부친과 경리 담당인 모친이 늘

돈 때문에 옥신각신하는 모습을 보면서 자랐다.

모든 악의 근원은 지급어음이다. 최악의 상황이 되었을 때, 세금이라면 지급을 조금 미룰 수도 있지만, 어음이 부도가 나면 회사는 문을 닫아야 한다. 지급어음을 없애지 않는 한, 가족 경영을 하는 중소기업에는 마음 편한 날이 찾아오지 않는다. 고바야시 사장의 집도 역시 어음 부도를 걱정하던 부모님 사이에서 언쟁이 끊이지 않았다.

고바야시 사장이 회사를 이어받을 때 남아있던 지급어음은 54억 원이었다. 그는 "경쟁사가 도산하면서 일시적으로 매출이 늘어난 시기가 있었습니다. 하지만 다음 해에는 매출이 15퍼센트 하락했지요. 원래대로 돌아갔을 뿐이지만 자금 융통이 어려워져서 지급어음을 처리할 돈이 없었습니다. 당시 매출이 15퍼센트 이상 하락하면 정부에서 '불황 업종'으로 인정해주는 제도가 있었습니다. 겨우겨우 불황 업종으로 인정받아서 지급기일 일주일 전에 5억 원의 융자를 받을 수 있었지요. 매출이 14퍼센트 감소했다면 불황 업종으로 인정받지 못하고 도산했을 겁니다. 정말 아슬아슬한 상황이었습니다"라고 말했다.

고바야시 사장은 원래부터 지급어음을 줄이려 했는데, 이런 경험을 한 후 결심이 더 확고해졌다. 그래서 70억 원이었던 재고를 30억 원까지 줄이고, 재고상품을 할인해서 팔아 마련한 20억 원으로 조금씩 지급어음을 없앴다.

그리고 이렇게 4년을 보낸 2006년 1월, 드디어 지급어음을 모두 해결했다.

이 사실을 들은 그의 모친은 목멘 소리로 "아들, 고마워"라며 눈물을 흘리셨다고 한다. 지급어음이 얼마나 가족을 괴롭혔는지 알 만하다.

이자는 회사를 지키는 보험이다

'우리 회사는 지급어음을 발행하지 않으니 괜찮다'고 안심하는 사장은 아직 쓰라린 경험을 하지 못한 듯하다. 회사를 경영하다 보면 예상하지 못한 사고가 반드시 발생한다. 그때 돈이 없으면 회사는 위기에 처한다.

앞서 언급한 마루바야시 노부히로 사장이 이끄는 주식회

사 어스콤은 150억 원 규모의 태양광 발전시스템 프로젝트를 수주했다. 그런데 설치업자가 납기를 맞추지 못한 탓에 공사가 중단되고, 어스콤이 태양광 발전을 수주한 40명에게 50억 원에 달하는 위약금을 지급해야 하는 상황이 되었다. 마루바야시 사장은 은행에서 필요한 금액을 대출받아서 이를 해결했다. 은행에서 대출을 받아 현금을 확보했기에 다행이었지만 그렇지 않았다면 도산해서 직원들을 거리로 내몰았을지도 모른다.

현금은 회사의 생명줄이다. 회사에 돈이 없으면 모두 불행해진다. 많은 사람이 무슨 일이 생겼을 때 곤란해지지 않도록 손해보험이나 생명보험에 가입한다. 회사도 무언가 사고가 생겼을 때 곤란하지 않도록 은행에서 장기 대출을 받는다. 나는 이때 발생하는 이자가 회사를 지키는 보험이라고 생각한다.

약간 문제가 생겨도 회사가 존속할 수 있도록 긴급 지급 능력을 갖추려면 월매출의 3배 정도 현금을 보유해야 한다. 그것이 가족이나 직원들에 대한 사장의 책임이고 애정이다.

가동률 90퍼센트 이상의 호텔이 된 비결

회사의 서버 1대가 수명이 다 되어 상태가 나빠졌을 때, 아까우니 그것만 수리해서 조심히 사용하려 한다면 돈 계산을 잘못하고 있다.

아직 고장 나지 않았더라도 문제의 서버와 같은 시기에 산 서버를 전부 교체해야 한다. 1대의 상태가 나빠졌다면 늦든 빠르든 다른 서버도 마찬가지로 곧 상태가 나빠진다는 의미다. 동시에 고장이 나서 서버 여러 대가 작동하지 않게 되면 회사 업무가 중단될 우려가 있다. 업무를 하지 못한다면 서버 비용 이상의 손해가 발생한다. 돈 계산을 제대로 하는 사장이라면 이런 위험을 예상해서 서둘러 서버를 교체한다.

무사시노는 컴퓨터를 3년 주기로 교체하고, 아이패드는 2년 주기로 670대를 전부 교체한다. 그 결과 업무 속도가 상승했다.

비즈니스호텔을 운영하는 주식회사 가와로크(가가와 소재)의 다카라다 게이치 사장은 돈 계산이 빠른 사람이다. 로비의 에어컨 1대가 고장 났을 때 주저하지 않고 다른 에어컨도 전부 교체했다. 여름 성수기 한참 전이었기에 에어컨 설치업자는 한가했고 공사비도 저렴하게 맞출 수 있었다. 만약 한여름에 고장 났다면 일손이 부족해 공사를 하지 못하거나, 업자가 부르는 대로 공사비를 지급해야 하는 처지가 되었을 것이다.

다카라다 사장은 IT 투자에도 적극적이다. 스마트폰으로 QR 코드를 읽어서 바로 설문 사이트에 접속할 수 있는 시스템을 구축했다. 불만이 있어도 프런트 직원에게 직접 말하기 꺼리는 고객이 많은데, 이런 시스템이라면 편하게 불만을 접수할 수 있다. 고객이 작성한 불만 사항은 차트 워크로 즉각 사내에 공유되기 때문에 고객이 체크아웃하기 전에 대응할 수 있다. 이 시스템을 구축한 후, 고객 만족도가 단숨에 향상했다.

가와로크는 그 밖에 다른 시스템도 포함해서 IT 인프라 구축에 2억 원을 투자했다. 그 결과 객실 가동률이 60~70퍼센트면 안정적이라고 하는 호텔업계에서 가동률 90퍼센트 이상을 유지하는 인기 호텔이 되었다.

돈은 모으기보다 써야 한다

앞서 현금은 회사의 생명줄이라고 했다. 그렇다고 해서 돈을 쓰지 않고 저축해두기만 한다면, 이는 큰 잘못이다. 긴급 지급 능력을 갖추는 것 이상으로는 돈을 저축해도 의미가 없다.

돈은 그 자체로는 가치가 없다. 특히 지금은 초저금리 시대라 은행에 1년간 1억 원을 맡겨도 고작 10만 원의 이자(금리가 0.1%일 때)가 붙을 뿐이다. 돈이 제 역할을 할 수 있는 곳이 있는데 이런 식으로 은행에 묶여 있다면 돈은 슬퍼질 것이다.

돈은 모으기보다 써야 한다. 구체적으로는 다음과 같은 세 분야에 투자해야 한다.

첫째, 고객 수를 늘린다.

둘째, 직원 교육을 한다.

셋째, 인프라를 구축한다.

이 세 분야에 투자하면 은행에 맡겨두었을 때와는 비교할 수 없을 정도로 큰 가치가 생겨난다. 다카라다 사장은 이런 사실을 잘 알고 있기에 에어컨을 교체하고 시스템에 투자했다. 즉, 인프라를 구축했다. 그 결과 매출이 2년 연속 전년 대비 115퍼센트 성장하여, 2017년에는 매출이 140억 원을 넘었고, 2018년에는 155억 원을 달성했다. 투자한 2억 원은 이미 한참 전에 회수했다.

무사시노의 예도 살펴보자. 무사시노는 일인당 월평균 76시간이었던 야근 시간을 2018년에 17시간까지 줄였다. 야근을 전혀 하지 않는 부서도 2곳이나 된다. 그 원동력이 된 것은 바로 1대에 100만 원이 넘는 아이패드다.

시급이 1만 원일 때 야근을 월 59시간 줄인다면, 일인당 59만 원의 야근 수당을 아낄 수 있다. 즉, 아이패드 투자 비용은 2개월 차에 전부 회수되고, 3개월 이후부터는 이익으로 남는다. 59만 원에서 통신비를 제하고 월 50만 원씩 아끼게 된다고 계산해도 10개월이면 일인당 500만 원의 야근 수당이 절약된다. 직원이 250명이라면 회사 전체로는 12억 5,000만 원의 이익이 남는다.

반면에 250명분의 아이패드 금액 2억 5,000만 원을 금리가 0퍼센트에 가까울 정도로 낮은 은행에 맡긴다면 25만 원의 이익이 남을 뿐이다.

돈을 쓰고 12억 5,000만 원을 남길지, 돈을 저축해서 25만 원의 이자를 받을지, 답은 분명하다.

판매가는 고객 만족도에 따라 정한다

종종 무사시노의 경영 컨설팅 세미나는 비싸다는 말을 듣는다. 하지만 내게 불만을 제기해도 곤란하다. 내가 아니라 고객들이 직접 수강료를 정하기 때문이다.

대부분 회사는 자사의 상품이나 서비스 원가에 이익을 더해 판매가를 정한다. 원가가 얼마고, 이에 이익을 몇 퍼센트 붙여서 얼마에 팔겠다는 발상이다.

무사시노는 다르다. 고객 만족도, 즉 '이만큼 만족했으니 이 정도는 지급해도 괜찮다'고 고객이 말한 금액을 가격으로 정한다. 고객 스스로 만족도를 결정하고, 무사시노는 그에 맞춰서 가격을 정할 뿐이다.

사장과 임원이 함께 경영계획을 세우는 '꿈에 숫자를 부여하다'라는 강의가 있다. 시험 삼아 이 강의를 시작했을 때, 한 회사당 수강료가 70만 원이었다. 하지만 어디까지나 이는 잠정적인 가격일 뿐이었다. 시험 강의를 수강한 두 회사의 의견을 물었더니 만족도가 상당히 높아서 다음 강의 때부터는 수강료를 500만 원으로 올렸다. 이 강의의 매출은 연간 35억 원인데, 경비 6억 원에 인건비를 더해도 원가는 10억 원 이하다. 원가의 3배 이상의 가격을 책정해도 자리가 가득 찬다면 고객은 500만 원 이상의 만족도를 느낀다는 증거다.

돈과 경영

설명 방식을 바꾸자면 원가에 이익을 더하는 것은 '회사의 사정'에 맞춰 가격을 결정하는 방식이다. 회사의 사정에 따라 고객에게 팔기 위해 접근해야 하기 때문에 그만큼 영업비가 들기도 한다.

그에 비해 고객 만족도로 가격을 정하는 것은 '고객의 사정'에 맞춰 가격을 결정하는 방식이다. 고객의 사정이 관건이다 보니 영업사원은 무리해서 상품을 팔지 않아도 된다. 상품을 원하는 고객이 사고 싶다고 다가온다.

영업사원이 고개를 숙여서 팔아야 하는 상품의 대금은 '판매가'지만, 고객이 가치를 느끼고 지급하는 돈은 '구매가'다. 판매를 어떻게 구매로 바꿀지, 사장은 그 방법을 찾는 데 노력해야 한다.

초호화 접대로 접대 요구의 싹을 자른다

접대하고 싶지 않은 거래처로부터 은밀히 접대 요구를 받았다면, 상대가 평소 가지 못하는 고급 음식점과 상대가 편안하게 즐길 수 있는 보통 음식점 중 어디로 데려가야 할까?

"거래처 담당자 4명이 접대를 요구합니다. 중요한 거래처는 아니지만 거절하면 기분을 상하게 할 것 같은데, 어떻게 하면 좋을까요?" 프로젝트팀의 리더였던 나카지마 히로키 과장(현 본부장)이 묻기에 나는 고민하지 않고 고급 음식점으로 모시라고 지시했다.

나카지마 과장은 도쿄 고다이라에 있는 고급 샤부샤부 식당에서 거래처 담당자들을 대접하고, 돌아갈 때 간단한 선물을 준 후에 타고 갈 차까지 불러주었다. 상대는 4명이니, 보통 택시 2대면 적당하다. 하지만 일인당 1대씩, 게다가 일반 택시가 아니라 검은색 세단을 대절해서 바래다주었다.

접대 후에는 어떻게 되었을까? 거래처 담당자들은 너무나도 호화로운 접대에 겁을 먹고 그 후에는 접대를 요구하지 않았다. 초호화 접대로 접대 요구의 싹을 잘라버린 것이다.

초호화 접대라고 해도 비용은 그리 대단하지 않다. 고급 샤부샤부 식당이라지만 보통 식당과 비교하면 코스 요리가 1.5배 비싼 정도이고, 고급 세단 대절비 역시 보통 택시비의 10배까지는 들지 않는다. 다 해도 기껏 2~3배 정도다.

만약 돈을 아끼려고 보통 식당에서 대접했다면, 상대는 맛을 들이고 또다시 공짜 술을 얻어먹으려 했을 것이다. 그러한 요구가 반복되게 두기보다 싹을 잘라서 한 번에 끝내버리는 편이 낫다.

주요 고객이 만족하게 돈을 쓰는 법

만약 상대가 중요한 고객이라면 어떻게 할까? 사실은 그때도 접대 방식은 똑같다. 고민하지 말고 고급 음식점에서 대접해야 한다.

실명은 언급할 수 없지만, 경영 컨설팅 회원사의 사장이 공무원을 접대하게 되었다. 이전에도 가부키초(일본의 유명한 유흥가-옮긴이)에서 접대한 적이 있다기에 어디에서 접대했는지 물어보았더니, 너무나도 어중간한 수준이었다. 아마 상대도 자기 돈으로 놀러 갈 만한 수준이었을 것이다. 일반적인 수준으로 접대하면 상대에게 인상을 남기지도 못하고 헛돈만 쓴 셈이 된다.

그래서 나는 가부키초 중에서도 최고 수준의 가게를 가르쳐주고 '이곳 다음은 이곳', '그 가게에서는 그 메뉴를 주문'하라고 세세하게 충고했다.

내 조언대로 접대한 결과, 그 사장은 공무원으로부터 '사장님'이 아니라 '동생'이라고 불리게 되었다. 단번에 친밀한 사이가 될 만큼 접대는 대성공이었다.

사실 접대가 성공한 비결은 고급 술집에서 거금을 들여 접대했기 때문은 아니다. 밤의 가부키초에서 인기를 얻기 위해서는 비싼 술을 주문하기보다 가게 사정을 배려하여 돈을 쓰는 법을 알아야 한다(이 방법은 제3장에서 소개하겠다).

나는 특히 이 방면에 강해서 공무원이 귀한 손님으로 대접받도록 접대 방식을 가르쳐주었다. 그 결과 공무원은 기분이 좋아져서 동생이라고 부를 정도로 그 사장에게 친밀감을 표현하게 된 셈이다.

접대하고 싶지 않은 상대든, 반대로 반드시 접대해야 하는 상대든 어중간한 곳으로 데려가서는 안 된다. 접대하고 싶지 않은 상대는 상대가 겁먹을 정도의 수준으로 접대해서 물리친다. 어떻게든 가까이 지내야 하는 중요한 상대에게는 상대가 경험하지 못한 수준으로 접대해서 매료시킨다. 그래야만 접대에 들인 돈이 무용지물이 되지 않는다.

길일에 장소 사용료를 2배로 지급하는 이유

무사시노는 연 2회 팰리스 호텔 다치카와에 전 직원이 모여서 정책연구회를 한다. 만약 정책연구회를 하는 날이 길일이거나 손이 없는 날이라면 호텔에 2배의 요금을 제시해서 다른 말을 못 하게 한다.

왜 그러는지 이유가 가늠되는가? 길일에는 결혼식이 집중된다. 호텔의 입장에서 결혼식은 큰돈을 벌 기회이다 보니 가능한 한 다른 행사보다 우선하고 싶어 한다. 이런 문제를 피해서 계획대로 정책연구회를 치르기 위해 미리 장소 사용료를 2배로 지급하는 것이다.

비용이 2배로 늘면 아까우니 일정이나 장소를 변경하면 되지 않느냐고 생각하는 사람도 있을 것이다. 하지만 정책연구회를 시작으로 무사시노 사내 행사는 2년 전부터 일정이 정해져 있고 직원들은 그 일정에 맞춰서 업무를 진행한다. 일정을 변경하면 고객과의 약속을 지키기 위해 정책연구회에 불참하거나 반대로 정책연구회에 참석하기 위해 고객과의 상담을 미뤄야 하는 상황이 생긴다. 이로 인한 손실을 고려한다면 장소 사용료를 배로 지급하는 편이 낫다.

같은 일정으로 장소를 변경하는 것도 곤란하다. 정책연구회는 장소에 맞춰서 운영 매뉴얼이 정해져 있다. 장소가 바뀌면 직원들은 혼란에 빠져서 행사가 원활하게 진행되지 않을 것이다. 그런 이유로 매회 같은 장소에서 행사를 여는 것이 원칙이다.

차라리 정책연구회를 취소하면 어떨까? 절대 그럴 수 없다.

무사시노는 정책연구회 외에도 경영계획발표회나 직원 교육, 전체 워크숍 등 매달 사내 행사가 있다. 행사에는 각각의 목적이 있고 전체적으로는 직원들 간의 관계를 돈독히 하려는 큰 목적이 있다. 회사에 다니기만 하면 아무 일 없이도 자연스레 직원들끼리 관계가 돈독해진다고 생각한다면 착각이다. 친밀한 관계가 되기 위해서는 같은 장소에서 같은 시간에 같은 공기를 마시는 것이 무엇보다 중요하다. 사내 행사는 그 목적을 위한 장치다.

또 각각의 행사에는 준비위원회가 있다. 준비위원회는 행사 전에 모여서 회의를 하고 실제로 행사를 준비할 뿐만 아니라 행사가 끝난 후에도 1개월 이내에 의무적으로 반성회라는 명분의 회식을 해야 한다. 이 준비위원회에서 서로 알게 되어 짝이 된 직원들도 많다. 무사시노의 사내 결혼율은 55퍼센트로, 행사는 남녀관계에도 도움을 준다.

직원들 간의 관계를 돈독하게 한다는 목적이 바탕에 깔려 있기에 정책연구회 등의 사내 행사를 취소하거나 적당히 치르는 일은 용납되지 않는다.

호텔 연회장 사용료는 평소에도 절대 저렴하지 않기 때문에 2배의 비용을 낸다는 것은 굉장한 출혈이다. 하지만 그 돈을 아껴서 본래의 목적을 달성하지 못한다면 직원들 간의 유대가 약해져 조직은 유형무형의 손해를 입는다. 사장은 사람을 돈으로 유혹하는 쪽이지, 유혹당하는 쪽이 아니다. 부디 눈앞의 이해득실을 기준으로 사안을 판단하지 않기 바란다.

용기 있는 철회로 기사회생한 요식업

사람은 자신이 내린 결단을 정당화하려고 한다. 물론 결단을 내린 후에는 옳다고 믿고 한눈파는 일 없이 전념해서 계획을 실행해야 한다. 하지만 기대한 결과가 나오지 않는다면 자신의 결단을 의심하고 검증하고 때로는 철회해야 한다. 돈을 벌 줄 아는 사장은 망설임 없이 이런 판단을 할 수 있다.

앞서 언급한 주식회사 에네치타의 고토 사장에게 위기가 찾아온 적이 있었다. 고토 사장은 사업 다각화를 위해 요식업에 진출했다. 우선 중화요리 프랜차이즈로 3개 매장을 열었다. 그리고 간선대로에 인접하고 넓은 주차장을 갖춘 건물을 15억 원에 사들여 가족 단위의 고객을 대상으로 한 고깃집을 개점했다.

사실 사업은 자신이 잘하는 분야에 집중해야 한다. 따라서 고토 사장은 2가지 잘못을 저질렀다.

고토 사장은 문어발 경영을 펼치며 솔깃한 이야기를 들으면 바로 달려들었다. 이것이 첫 번째 잘못이다.

그런데 결과가 좋지 않았다. 특히 심각했던 곳은 고깃집으로 2년 차부터 연간 1억 2,000만 원의 적자를 냈다. 그대로 두었다가는 투자금을 회수하기는커녕 출혈이 커질 뿐이다. 하지만 고토 사장은 투자금 15억 원에 미련을 버리지 못하고 식당을 계속 유지하려 했다. 이대로는 안 된다는 사실을 알면서도 자신의 결단이 틀렸다는 것을 인정하고 싶지 않았다. 이것이 두 번째 잘못이다.

하지만 본인도 고민이 많았을 것이다. 그는 옆에서 지켜보던 선배 손에 이끌려 무사시노에 경영 컨설팅을 받으러 왔다. 나는 자초지종을 들은 후 얼마가 되었든 가게를 매각하라고 충고했다. 결국 4억 원에 고깃집을 매각했다. 15억 원을 들인 가게를 4억 원에 팔았으니 11억 원을 손해 본 셈이다. 게다가 2년간 발생한 적자까지 계산하면 손해가 13억 원이었다.

하지만 철회의 결단이 늦었다면 손해액은 매년 늘어나게 될 상황이었다. 고깃집을 매각한 덕에 출혈이 멈췄으니 긍정적으로 생각해야 한다. 불량자산을 처분해서 4억 원의 현금이 생겼고, 이 4억 원으로 다시 승부를 보겠다고 생각하면 된다.

실제로 고깃집을 매각한 결정이 요식업 부문에 도움이 되었다. 사실은 중화요리 프랜차이즈 3개 매장도 연간 8,000만 원의 적자를 내고 있었다. 하지만 고깃집을 매각하고 중화요리 프랜차이즈에 집중하면서 인력이나 식자재 관리가 수월해지고 낭비가 사라졌다. 그 결과 수익구조가 개선되어 그때까지 연간 2억 원의 적자를 내던 요식업 부문이 지금은 2억 원의 흑자를 내고 있다.

누구라도 자신이 내린 결단은 옳다고 믿고 싶어진다. 투자액이 크면 클수록 그 생각은 강해진다. 하지만 큰돈을 잃지 않고 싶다는 생각이 오히려 손해를 부른다. 사장은 눈앞의 현실을 현명하게 직시하고 판단하는 것이 중요하다.

블랙 컨슈머에 대응하는 자세

고객 불만은 업무를 개선할 기회가 된다. 하지만 회사의 잘못이 없는데도 돈을 목적으로 불만을 제기하는 고객도 있다. 이런 블랙 컨슈머에게 돈을 요구받는다면 어떻게 해야 할까?

고객이 불만을 제기하면 블랙 컨슈머로 의심되더라도 우선 신속하게 대응한다. 그리고 사실관계를 정중하게 확인한다. 불만이 타당한지에 대한 판단은 나중으로 미루어도 괜찮다.

그렇다면 명확하게 블랙 컨슈머일 때는 어떻게 할까?

예전에 어느 고객으로부터 가스레인지 안에 무사시노 다스킨의 걸레가 들어있었다는 민원이 접수되었다. 무사시노 직원들이 가스레인지를 청소한 후 깜빡 잊고 치우지 못한 걸레가 7년 만에 발견된 것이다.

고객은 무사시노 직원이 가스레인지 안에 둔 걸레 탓에 불이 나서 가족이 모두 정신적인 피해를 받았다며 위로금으로 7,000만 원을 달라고 했다. 당연히 이는 받아들일 수 없다. 담당 직원이 찾아가고, 점장이 찾아가고, 부장이 찾아가고, 상무가 찾아갔는데도 해결이 되지 않아 결국 사장인 내가 나섰다.

나는 "가스레인지 후드 필터 값과 청소비 300만 원을 환급해 드리겠습니다. 정신적인 피해에 대해서는 변호사에게 상담하시기 바랍니다. 고객님께서 말씀하시는 것이 사실이라고 해도 위로금으로 적당한 선은 50~100만 원이라고 생각합니다. 가족이 네 분이시니 200~400만 원 정도일 것입니다. 소송에서 지면 위로금을 드리겠으니 변호사에게 상담을 받아 보시면 어떻겠습니까?"라고 말한 후, 고객의 대답도 듣지 않고 자리에서 일어나 돌아왔다. 그 후 그 고객으로부터는 아무 연락도 없었다.

눈앞에서 경찰을 불러도 동요하지 않는다

회사에 잘못이 있기는 했지만, 터무니없는 손해배상금을 요구당한 적도 있다. 무사시노는 200만 원 상당의 집 청소 서비스를 제공하는데, 확실히 우리 직원이 일 처리를 잘못해서 고객에게 피해를 주었다.

하지만 고객은 집을 새로 짓겠다며 6억 5,000만 원을 달라고 했다. 다소의 위로금은 지급할 생각이었지만 법에서 정한 범위 이상을 요구하기에 나도 화가 나서 언성을 높였다. 그러자 고객은 협박을 당했다며 경찰을 불렀다. 처음부터 함정에 빠트리려고 했나 싶을 정도로 수법이 대단했다.

하지만 나는 전혀 동요하지 않았다. 예전 무사시노는 엄청난 문제 기업으로 직원들이 사고를 쳐서 불려 다닌 적이 몇 번이나 있었기에 기본적인 대응법은 알고 있었다.

그런데 특별한 대응을 할 필요도 없었다. 보통 경찰차는 사이렌을 울리면서 현장에 도착하지만, 이때는 그렇지 않았다. 아마도 고객이 사사건건 경찰을 부르는지, 경찰도 기록을 남기기 위해 어쩔 수 없이 방문한 듯했다. 실제로 내게 이름과 주소를 물은 후, 민사에는 개입하지 않는다며 바로 떠났다.

고객은 이 이상 내놓을 패가 없었다. 그때부터는 내 의견대로 교섭이 진행되어 최종적으로 1억 7,430만 원의 수리비를 주는 것으로 합의했다.

블랙 컨슈머라 해도 고객은 고객이기에 문제가 생겼다면 환급 요청에 응한다. 때에 따라서는 적당한 위로금을 지급하기도 한다. 하지만 선을 넘는 대응은 하지 않는다. 정당하지 않은 불만을 돈으로 해결한다면 열심히 일해서 돈을 벌어오는 직원들에게 미안하다.

회사에 잘못이 있다고 하더라도 불만의 원인을 제공한 직원에게 손해배상금을 책임지게 하지 않는다. 재발 방지를 위해 원인은 밝히지만, 인사 평가상 불이익을 주지도 않는다.

고객 불만을 일으킨 직원은 적어도 일을 한 직원이다. 아무 일도 하지 않는 직원보다 훨씬 성장 가능성이 있다. 실제로 큰 불만을 일으킨 직원은 대개 나중에 성공한다.

개인 돈으로 손실을 메우게 하거나 인사상으로 불이익을 준다면 직원들을 위축되게 할 뿐이다. 고객에게 변상해야 할 상황이 생긴다면 회사가 부담하는 것이 이치에 맞다.

실적이 나쁠 때일수록 사업을 승계하기 좋다

새로운 경영 컨설팅 회원사의 사장에게 가장 먼저 권하는 일은 주식 이전이다.

경영 컨설팅을 받으려고 결심한 동기에는 여러 가지가 있지만, 침체 상태에 빠진 실적을 개선하고 싶어서 신청하는 경우가 가장 많다. 하지만 실적을 올리기 전에 실적이 나쁠 때만 할 수 있는 일을 해야 한다. 바로 주식 이전이다.

회사의 실적이 좋으면 주식 평가액이 올라가고, 주식을 인수할 때 엄청난 세금 부담을 짊어지게 된다. 어렵지 않게 세금을 낼 수 있다면 착실히 세금을 내고 사회에 공헌하면 된다. 하지만 보통은 세금을 낼 정도로 현금을 가지고 있지 않아 돈을 마련하는 데 고전하는 경우가 많다.

만약 세금을 내지 못한다면 회사를 매각해야 하는 경우도 생긴다. 회사를 매각하면 성과가 나쁜 직원이 해고를 당할 수 있다. 아무리 능력이 없더라도 사장에게는 생사고락을 같이한 사랑하는 직원이다. 사장으로서는 직원을 해고하는 결말은 절대적으로 피해야만 한다.

회사가 적자일 때 주식을 이전하는 것이 가장 좋다. 실적이 나쁘면 주식 평가액이 낮아지기 때문에 내야 하는 세금도 적고 친족 등에게 분산해둔 주식을 되사는 것도 쉽다. 그런 의미에서 경영 컨설팅을 신청하는 시기에는 실적이 정체된 상황인 경우가 많으니 절호의 기회라 하겠다.

　나이토 건설 주식회사(건설, 기후 소재)의 나이토 히로시 사장은 선대로부터 회사를 이어받았을 때 보유 주식이 고작 3퍼센트였다. 나이토 사장은 4대 사장이었는데, 회사 창립 당시의 임원들을 중심으로 주식이 분산되어 있었다. 3퍼센트의 주식으로는 회사에서 어떤 지배력도 가지지 못한다. 다른 주주끼리 결속한다면 바로 해고당할 수도 있다. 그런 상태에서는 장기적인 계획을 세워 회사를 경영하기 어렵고 따라서 회사도 성장하기 어렵다.

　나이토 사장이 경영 컨설팅을 신청했을 때 나는 그런 상황을 알고 대출을 받아도 좋으니 친족들이 보유한 주식을 매입해서 최대한 주식을 확보하라고 충고했다. 나이토 사장은 실적을 올리기 위해 무사시노를 찾아왔는데, 그것은 나중으로 미루어도 괜찮다는 말에 멍해졌다. 하지만 이유를 설명했더니 이해하고 주식을 확보하는 데 매진했다. 지금은 사장인 동시에 최대주주다.

　그 후에 나이토 건설은 순조롭게 실적이 향상되었다. 만약 지금에 와서 주식을 확보하려고 했다면 훨씬 많은 돈이 필요했을 것이다. 역시 주식을 이전한 후에, 실적 회복에 힘쓰는 것이 순서상으로 맞다.

상속 문제를 피하는 일석이조의 방법

사장이 안정적으로 경영을 할 수 있을 만큼 주식을 이미 보유했다면, 실적이 나쁠 때가 자녀에게 주식을 이양할 절호의 시기다. 나도 의도적으로 실적을 떨어트려서 회사 주식 절반을 주당 50만 원에 딸의 회사로 양도했다. 그리고 2017년에 나머지 절반을 35억 원에 양도했다.

문제는 자녀가 여럿인 경우다. 부모는 자녀를 모두 사랑하기에 공평하게 주식을 나누어 주려고 한다. 하지만 이는 분쟁의 근원이 된다. 회사의 존속을 최우선으로 생각한다면 사장에게 주식을 몰아주는 것이 좋다. 대신 다른 자녀들에게는 주식 이외의 현금이나 부동산 같은 재산을 물려준다. 그렇게 균형을 맞추면 다른 자녀들도 불만을 품지 않는다.

주식 평가액이 높아서 주식 외의 재산과 균형이 맞지 않을 때는 주식을 상속받을 자녀에게 회사를 매각한다. 예를 들어 큰아들과 작은아들이 있고, 주식이 30억 원, 주식 이외의 재산이 10억 원 있다고 하자. 큰아들에게 주식을 팔면 부모의 재산은 40억 원이 된다. 이것을 두 아들에게 20억 원씩 나누어 준다. 작은아들은 20억 원의 재산을 손에 넣는다. 한편 회사를 이어받을 큰아들은 부모에게 20억 원을 받겠지만, 주식 대금으로 30억 원을 지급해야 하니 10억 원이 부족하다. 큰아들은 부족한 돈을 은행에서 대출받아 조달한다. 그러면 그 대출금을 상환하기 위해서라도 회사를 내팽개치지 못한다.

이런 방식으로 혹시 모를 상속 문제를 미연에 방지하고 새롭게 사장이 된 큰아들에게도 책임감을 얹어준다. 일석이조의 방법이다.

은행의 태도를 바꾸는 3종 세트

회사를 경영하는 데 있어서 은행은 무시할 수 없는 중요한 존재다. 현금이 없으면 회사를 지킬 수 없고, 중소기업에 있어 가장 현실적인 현금 조달 수단은 은행 대출이다. 은행과 얼마나 좋은 관계로 지내느냐가 중소기업의 운명을 가른다.

은행과 좋은 관계를 구축하기 위해 효과적인 도구로 경영계획서, 경영계획발표회, 은행 방문 등 3종 세트가 있다.

다카이시 자동차 스쿨(자동차 운전학원, 오사카 소재)의 후지이 야스히로 사장은 은행과의 관계 때문에 고민했다. 거품경제가 붕괴하고 자금을 회수하는 일이 횡행하던 때, 무정하게도 오래전부터 거래해왔던 은행으로부터 대출금 상환 압박에 시달렸다. 지갑에서 직접 돈을 빼갔을 정도였다고 하니, 무시무시하다. 지푸라기라도 잡고 싶은 심정으로 무사시노 경영 컨설팅을 찾아온 후지이 사장은 바로 3종 세트를 시험했다.

우선 회사의 규정집인 경영계획서를 작성했다. 후지이 사장은 무사시노의 경영계획서를 보고 다카이시 직원들에게는 너무 어렵다고 판단해, 한자에 설명을 달아서 누구나 이해할 수 있게 했다.

직원 대상으로 당해 연도의 경영계획을 발표하는 경영계획발표회에는 원래 은행 지점장도 초대한다. 경영계획이 제대

돈과
경영

로 세워져 있고, 직원들이 한마음 한뜻으로 그 계획을 달성하려 한다는 사실을 전하면 은행에서 자금을 대출받기도 수월해진다.

후지이 사장은 우선 직원들이 익숙해지도록 2년간은 사내에서 직원들끼리만 경영계획발표회를 개최했다. 그리고 3년차부터는 호텔을 빌려서 은행 지점장을 초대했다.

다카이시 자동차 스쿨은 경영계획발표회 다음 날 은행을 방문한다. 그리고 경영계획발표회에 참석해준 감사의 인사를 전한다.

"사전 약속 없이 처음에 방문했을 때는 솔직히 어떤 은행도 반갑게 맞이해주지 않았습니다. 거래하는 4개 은행 중에서 차를 내온 곳은 한 곳뿐이었죠. 하지만 회를 거듭할수록 은행의 태도가 변했습니다. 올해는 기업 창구 부서의 부장이 문이 열리기 전부터 서 있다가 저를 맞이하지 않았겠습니까. 3종 세트가 효과 있다는 사실을 실감했습니다"라고 후지이 사장이 말했다.

너무 똑똑한 사장은 손해를 본다

은행과 좋은 관계를 구축하기 위한 3종 세트 자체는 그다지
어렵지 않다. 적절한 교육을 받으면 어떤 회사든 할 수 있다.
어려운 것은 전제가 되는 경영계획서 작성이다. 하지만 어렵
다고는 해도 실제로 숫자를 사용하면 경영계획서는 어떻게
든 작성할 수 있다. 프로그램이 있고 계산도 복잡하지 않다.
까다로운 것은 작성 방법보다 의식의 문제다. 똑똑한 사장일
수록 100퍼센트 완성도를 원하는 경향이 있어서 '올해는 이
정도만 하자'는 결정을 내리지 못한다. 적당히라도 우선 결정
하는 것이 중요한데, 너무 똑똑해서 이를 용납하지 못한다.

주식회사 히라바야시(현 세라테크 재팬, 제조, 나가노 소재)의
히라바야시 나오키 사장도 그러했다. 이제는 고인이 된 히라
바야시 사장은 내가 오래 알고 지냈던 동료 사업가로 워낙
머리가 비상했다. 나 역시 히라바야시 사장에게 사무실 환경
정비를 배웠고, 무사시노의 사내 용어를 설명하는 『일할 줄
아는 사람의 마음가짐仕事ができる人の心得』의 원형도 히라바야시
사장이 만들어주었다. 하지만 히라바야시 사장은 너무 똑똑

한 탓에 경영계획서를 작성하는 데 고전을 면치 못했다.

안타깝게 생각한 나는 히라바야시 사장과 벤 그룹(부동산, 홋카이도 소재)의 다카하시 요시유키 사장과 함께 삿포로 호텔에서 합숙 세미나를 하기로 했다. 언제나처럼 히라바야시 사장은 고민을 거듭했다.

"오늘 밤은 내가 선생이고 다카하시 사장님과 히라바야시 사장님은 학생입니다. 나는 저녁에 술을 마실 테지만, 두 분은 학생이니 마시면 안 됩니다"라고 했더니 1시간 반 만에 바로 마무리를 지었다. 역시 작성할 능력은 있는데 결정하지 못했던 것뿐이었다.

내게 히라바야시 사장을 소개한 주식회사 신세이의 구보타 데루오 사장(고인)도 닮은 점이 있었다. 완성도에 너무 집착해서 3종 세트의 기본인 경영계획서를 좀처럼 완성하지 못했다.

그래서 나는 주식회사 신세이의 경영계획서 표지를 내 마음대로 작성하고, 백수십만 원짜리 표지 인쇄 대금 청구서를 만들어서 구보타 사장을 찾아갔다. 그리고는 "좀처럼 마무리 짓지 못하시니 표지만 미리 만들었습니다"라고 내밀었다. 이

번에 경영계획서를 만들지 못하면 표지 인쇄 대금으로 백수십만 원을 날리게 되는 상황이 된 것이다. 구보타 사장은 지난 5년간 만들지 못한 경영계획서를 2주 만에 완성했다. 똑똑한 사장도 역시 돈은 아까운 법이다.

어떤 일이든 완벽하게 하지 않으면 성이 차지 않는 사람은 결정이 늦고 행동도 느리다. 그 덫에서 빠져나오려면 술과 돈을 잘 이용해서 스스로를 유혹하는 것도 방법이다.

이해득실에 따라 움직이지 않는 사람도 있다

사람은 이해득실에 따라 '어느 정도' 움직인다. 어느 정도라고 하는 이유는 세상에는 이해득실에 따라 움직이지 않는 사람도 있기 때문이다.

수십 년 전, 물수건 공장을 운영할 때의 일이다. 29세에 창업하고, 31세에는 사업이 궤도에 올라 신규 영업소를 열기 위해 신주쿠 주변 건물을 물색했다. 내가 점찍은 장소는 간조 7호선과 고슈가도가 만나는 교차점이었다. 교차점 바로 옆에 딱 맞는 장소가 있어서 건물주를 찾아갔다. 하지만 이미 계약이 체결되었고 계약금도 받은 상태였다. 보통 이런 상황에서는 포기하고 돌아가겠지만, 나는 물러서지 않고 말했다.

"어떻게 해서든 이곳을 빌리고 싶은데 돈이 없습니다. 보증금을 안 받으실 수는 없나요? 이미 계약한 분께 지급해야 하는 계약금 3배의 위약금도 사장님께서 부담해주십시오!" 이런 뻔뻔스러운 부탁이 보통은 통할 리가 없다. 하지만 결국 건물주는 내 요구를 들어주었다.

"사장님은 이미 많은 것을 이루셨지요. 이제부터는 이 사회를 위해, 다른 사람을 위해, 젊은 사람들을 도우며 살아가셔야 하지 않을까요? 부디 제가 성장할 수 있도록 도와주십시오"라고 내가 감성에 호소했기 때문이다.

사람은 나이가 들면 돈 이외의 것을 보게 된다. 그 배경에는 저축액이 충분해 돈 걱정을 하지 않아도 되거나, 인생의 종착역이 가까워지다 보니 사회적으로 의미 있는 일을 하고 싶어지거나, 이전 세대로부터 받은 은혜를 다음 세대에 갚고 싶어지거나 등 여러 가지 이유가 있을 것이다. 어떤 이유든 젊은 때와 비교하면 이해득실을 따지지 않게 된다. 그런 사실을 알기에 충분히 사정이 통하리라고 예상하고 매달린 것이다.

지금 내가 경영 컨설팅을 하며 실천 경영 교실에서 젊은 사람들을 가르치는 것도 젊었을 때 받은 은혜를 다음 세대를 도우면서 갚기 위해서다. 물론 직원들을 위해서 수강료는 확실히 받고 있지만 말이다.

이런 나도 일흔 살이 넘었다. 소박하게 살아간다면 이 세상을 떠나기 전까지 필요한 만큼의 돈은 이미 벌어두었다. 따라서 개인적인 활동은 이해득실을 따져가며 움직이지 않는다.

세상에는 이런 사람도 있다는 사실을 이해하지 못한다면 돈다발로 사람의 뺨따귀를 때리는 인간이 될 수 있으니 주의를 기울이기 바란다.

돈과 금전운

거품 경제는 좋은 기회가 되기도 한다

나에게는 자랑거리가 하나 있다. 바로 금전운이 있다는 것이다. 인생의 결정적인 순간, 꼭 좋은 패가 들어온다.

　나는 1989년에 무사시노 사장에 취임했다. 원래 무사시노의 전신이었던 일본 서비스 머천다이저 주식회사에 취직했다가 물수건 공장을 설립하며 독립했다. 하지만 1987년에 무사시노의 창업자인 후지모토 도라오 사장님이 부르셔서 다시 무사시노에 입사했다. 그리고 2년 후, 후지모토 사장님이 돌아가시면서 급작스레 그 뒤를 잇게 되었다. 내가 설립한 물수건 공장은 매각했다.

그 당시 나는 주식이 없는 '월급 사장'이었기에 적당한 시기가 되면 후지모토 사장님의 아들에게 사장직을 넘길 생각이었다. 그런데 당시 보험사를 다니던 그 아들에게 이런 이야기를 하니 가업을 이어받고 싶지 않다고 했다. 사실 그 아들은 어렸을 적 친구들에게 걸레 가게 아들이라며 놀림을 받았고, 그것이 트라우마가 되어 가업을 싫어하게 되었다.

돈과
금전운

사모님은 아들의 생각을 존중하기로 하셨는지, 그 후 머지않아 무사시노를 양도받지 않겠느냐고 내게 제안하셨다. 회사를 양도해준다고 하면 거절할 이유가 없다. 나는 흔쾌히 받아들이겠다고 답했다.

다만, 문제는 주식 취득 자금이었다. 아무리 사모님이 회사를 넘기려고 해도 내게 주식을 살 만큼의 자금이 없다면 양도받을 수 없다. 당시 나는 연봉이 1억 원도 되지 않았고, 모아놓은 돈도 거의 없었다. 일반적으로는 단념해야 하는 상황이었다.

하지만 나는 운이 따랐다. 1990년은 거품 경제가 한창이어서, 은행은 굴러가는 돌멩이에도 돈을 빌려줄 정도였다. 내가 주식 취득 자금을 빌리고 싶다고 말하자 턱하고 수억 원을 빌려주었다.

그다음 해, 거품 경제가 붕괴했다. 사모님의 제안이 몇 년 후였다면 나는 월급 사장인 채로 언젠가 그만두었을 가능성이 크다. 대부분 거품 경제를 나쁜 상황으로 여기지만, 나에게는 고마운 기회였다.

주식을 취득한 다음 해, 나는 신규 사업을 일으켰다가 크게 실패했다. 31억 원을 투자했는데, 발생한 매출은 고작 3억 원이었다. 인간은 금전운이 있을 때도 있지만, 없을 때도 있는 법이다. 항상 운이 내 편이 되어줄 정도로 인생은 만만하지 않다.

다만 그때 월급 사장이었다면 결과에 책임을 지고 사임했을지도 모른다. 엄청난 적자를 냈는데도 사장 자리를 지킬 수 있었던 이유는 내가 회사를 소유한 사장이었기 때문이다. 큰 실패를 하기 전에 주식을 취득할 수 있었으니 역시 운이 좋았다.

어떻게 돈이 따르는 사람이 되었을까?

내 운이 강하다고 느낀 사건은 또 있다. 나는 사장직의 기본을 경영 컨설턴트인 이치쿠라 사다무 선생님의 경영계획연구회에서 배웠다. 어느 해 경영계획연구회가 태국 푸켓에서 열렸다. 사장단 60명이 참가해서 두 반으로 나누어 움직였는데, 내가 속한 반의 전원이 여권을 공항에서 도둑맞았다.

사실 이것이 행운이었다. 여권을 도둑맞은 사고가 어째서 행운이 되었을까?

우리 반은 귀국하지 못하고 사건 처리가 끝날 때까지 며칠 동안 태국에 발이 묶였다. 체류 비용은 여행사가 부담했고, 처음에는 무에타이를 보러 가는 등 관광에 열중했다.

하지만 서서히 노는 것도 질리고 모두 따분해하기 시작했다. 나는 경영계획서를 가지고 갔었는데, 이것을 복사해서 토론이라도 해보자고 제안했다. 노는 데 질린 사람들이 찬성해서 다음 날부터 나의 즉석 강의가 시작되었다.

그 강의가 호평을 받아 귀국 후에도 가르쳐달라고 하는 사장들이 나타났다. 그래서 개인적으로 '고야마 경영계획연구회'를 만들어서 정기적으로 수업을 하게 되었다. 이것이 지금의 무사시노 경영 컨설팅 사업으로 이어졌다.

만약 여권을 도둑맞지 않았다면 내가 다른 사장들에게 강의하는 일은 없었을 것이다. 강의를 하지 않았다면 후에 경영 컨설팅 사업이 급성장해서 700억 원의 매출을 달성하는 일도 생기지 않았을 것이다. 여권 도둑님에게 고마울 따름이다.

지금의 내가 있는 것은 인생의 중요한 순간에 행운, 특히 금전운이 꾸준히 이어진 덕이다. 그러면 어떻게 돈이 따르는 사람이 되었을까?

주식회사 시무라(도매업, 오사카 소재)의 시무라 다카오 회장의 부인은 점술가인데, 내 생일을 따져보더니 드물게 나타나는 강한 운의 소유자라고 말해주었다. 운이 좋은 팔자를 타고난 셈이다. 다만 돈이나 물건을 독점하려고 하면 반대로 큰 화를 불러올 수 있으니 주의하라는 충고도 받았다.

솔직히 이런 점은 나 역시도 의식하고 있었다. 무사시노 직원들에게 실제 일하는 이상으로 급여를 지급하는 이유도, 지금까지 쌓아온 경영 비법을 다른 회사 경영진에게 알려주는 이유도, 나 혼자 독점하려 하면 좋지 않았던 경험이 있기 때문이다. 운을 끌어오기 위해서 내 나름대로 생각해서 가능한 한 모두에게 나누어 준다는 습관을 실천해왔다.

사실 이 밖에도 돈이 따르는 사람이 되기 위해 실천하는 습관은 여러 가지가 있다. 지금부터 그 습관을 소개하려 하는데, 대부분 내 경험에서 비롯된 것으로 어디까지나 징크스 같은 수준이다. 여러분이 따라 한다고 해도 금전운이 좋아진다는 보장은 없다. 이를 인지하고 참고하기 바란다.

지갑은 가을에 사지 않는다

나는 이른바 고급 브랜드에는 흥미가 없다. 옷이나 가방은 기능을 따질 뿐, 모양은 어떻든 상관없다. 다만 고집하는 것이 있다면 지갑을 사는 시기다. 지갑은 가을에 사지 않는다. 내 지갑은 물론이고 아내가 지갑을 사달라고 졸라도 가을에는 선물하지 않는다.

왜냐하면 가을바람이 불어서 돈의 마음이 식어버리기 때문이다.

어느 회사 사장이 집을 새로 지었다. 그런데 하필이면 정원에 단풍나무를 심었다. 가을에 새빨갛게 되는(적자) 나무를 심으면 가을바람이 불어 회사 실적이 떨어진다고 충고했는데, 아니나 다를까 실적이 나빠졌다.

지갑 역시 마찬가지다. 지갑은 돈이 거처하는 곳이기에 가을에 지갑을 사면 돈이 찬바람에 떠나간다. 구체적으로는 입추(양력 8월 7일경)에서 입춘(양력 2월 4일경)까지 반년간은 사지 않는다. 엄밀히 말하면 입동(양력 11월 7일경)부터 겨울이지만 차가운 바람이 불기 시작하는 가을도 쌀쌀하게 느껴진다. 따라서 따뜻해지는 입춘이 지나고 나서야 지갑을 산다. 내 생일이 3월이니 생일 선물로 지갑이 괜찮을지도 모르겠다.

지갑 사용법

물론 생일 선물 어쩌고는 농담이다. 사실 나는 나만의 지갑을 만들어 사용한다. 보통 지갑은 쓰지 않기 때문에 선물로 받아도 곤란하다.

나는 항상 장지갑을 쓴다. 반지갑은 지폐가 접혀서 보관되니 불편하다. 그리고 장지갑도 옆으로 긴 형태가 아니라 세로로 긴 형태를 사용한다. 봉투처럼 위에서부터 지폐를 넣고 뺄 수 있는 형태다. 이런 형태라면 양복 안 주머니에 지갑을 넣은 채로 돈을 넣고 뺄 수 있다. 일부러 지갑을 꺼내는 수고를 할 필요가 없으니 시간도 절약된다.

아내가 예전에 사준 독일제 지갑이 세로로 긴 형태였다. 하지만 다른 곳에서는 그런 형태의 지갑을 구할 수 없어서 직접 주문해서 만들었다.

지폐를 넣는 곳은 두 군데로 나뉘어 있다. 한쪽에는 평소에 사용하는 돈을, 또 다른 한쪽에는 경마 등 게임에 사용하는 돈을 넣어둔다. 양쪽을 섞어두면 경마나 게임의 수지를 알기 어려워진다. 하지만 이렇게 두 군데로 나누어 두면 이번 달은 잃었으니 절약하자고 스스로 절제할 수 있다. 신세를 망치지 않기 위한 지혜다.

지폐는 1만 엔과 1,000엔짜리만 넣어서 다닌다. 5,000엔 지폐는 1만 엔과 헷갈리기 쉬워서 가능한 한 가지고 다니지 않는다. 잔돈으로 5,000엔 지폐를 받으면 가능한 한 빨리 사용해서 1,000엔짜리로 만든다. 또 지폐의 면을 맞춰서 정리한다. 지갑 안도 정리정돈을 해두어야 돈이 편하게 머무를 수 있다.

내 고집은 이 정도지만 앞서 언급한 주식회사 산에이 에코홈의 다케나카 스스무 사장은 더 대단하다. 1만 엔짜리 하나를 잘 접어서 숫자 0이 8개가 붙는 '1억 엔짜리 지폐'로 만들어서 지갑에 넣어둔다. 지갑을 열 때마다 1억 엔짜리 지폐가 보이면 돈이 따르는 사람이 된 듯한 자기암시가 걸린다고 한다.

지갑 덕인지는 모르겠지만 아내에게 장지갑을 받은 이후로 회사 실적도 좋아졌다.

새해 첫 참배를 하는 노하우

사람만 돈의 유혹에 약한 것은 아니다. 나는 신도 돈으로 유혹한다.

나는 매년 첫 참배를 할 때 11만 1,110원을 헌금함에 넣는다. 1이 겹치면 운수가 좋다는 이야기 때문만은 아니다. 1월에는 신도 바쁘기 때문이다. 소원을 빨리 들어주길 바란다면 다른 사람보다 헌금을 많이 해서 눈에 띄는 편이 좋다.

쏨쏨이가 좋은 사람이라면 보통 헌금함에 10만 원을 넣을 것이다. 그런데 같은 10만 원을 헌금하면 신도 고민이 될 것이기 때문에 거기에 1만 1,110원을 더한다. 이렇게 하면 신도 미소를 짓는다.

주식회사 무이카마초 자동차 학교(자동차 운전학원, 니가타 소재)의 사토 요시히로 사장도 돈으로 신을 유혹하는 사람이다. 매년 직원들이 자격시험을 볼 때 합격을 기원하러 '학문의 신'을 모시는 유시마텐만궁(유시마텐진)에 가서 참배하는데 헌금액은 마찬가지로 11만 1,110원이다. 예전에는 5,000원을 헌금했었는데, 어느 날 금액을 늘렸더니 합격하는 사람이 늘었다고 한다.

나는 집 근처에 있는 오미야하치만구(도쿄 스기나미)로 참배하러 간다. 딱히 특정한 신사를 고집하는 것은 아니고, 전에 참배했을 때 감사하게도 내 소원을 들어준 적이 있어서 매년 같은 신사로 다니고 있다.

참배에 가는 날과 시간은 매년 정해져 있다. 1월 1일 오후 5시다. 이때는 참배객들이 이미 돌아가는 시간이기 때문에 혼잡하지 않다. 차분하게 정화된 마음으로 참배할 수 있다.

매년 같은 날, 같은 시간에 참배하는 이유는 정점관측을 위해서다. 새해 첫 참배에 참배객이 많으면 경기가 좋고, 반대로 적으면 경기가 나쁘다. 참배객이 많다, 적다의 기준은 예년과 비교해 판단하기 때문에 매년 같은 장소, 같은 날, 같은 시간에 가서 신사가 얼마나 붐비는지를 살핀다.

괴로울 때 신을 찾으려 할 테니, 경기가 나쁠수록 참배객이 늘어난다고 생각하는 사람이 많을지도 모르지만, 실제로는 반대다. 경기가 나빠지면 지갑 끈도 단단히 묶어서 외출을 극도로 피하게 된다. 참배객이 많으면 올해 경기도 좋을 것이라고 예상해도 무방하다.

물론 여러 가지 경제 지표로 경기를 예상할 수 있다. 하지만 지표는 실물 경제의 뒤를 쫓는 숫자고 그것을 보고 움직인다면 한발 늦다. 선수를 치고 싶다면 현장에서 실제 경기가 어떠할지를 살피고 예측해보는 것이 좋다.

최근 몇 년간은 참배객이 꽤 많아 신사가 붐볐다. 그것을 보고 올해는 또 인재 영입 경쟁이 심해질 것이라고 예상해서 인력 채용 체제를 강화했다.

새해를 맞아 액땜 술을 마시며 기분을 내도 좋다. 나도 새해 첫날은 항상 평소 이상으로 술을 마시고 취한다. 하지만 마음이 들뜨더라도 눈을 크게 뜨고 두뇌 회전을 계속해서 회사의 미래를 생각해주기 바란다. 그것이 사장이 할 일이다.

동전 하나라도 떨어져 있다면 줍는다

전철역에 10원짜리 동전이 하나 떨어져 있다고 하자. 속설에 의하면 10원짜리 동전을 줍기 위해 허리를 굽혔다가 펼 때 사용하는 에너지는 10원 이상의 비용이 든다고 한다. 즉, 10원짜리 동전을 주우면 적자다.

그러면 여러분은 떨어져 있는 동전을 어떻게 할 것인가?

나는 망설이지 않고 멈춰 서서 줍는다. 이 동작으로 적자가 된다고 해도 관계없다. 설령 10원짜리 동전이라도 돈을 소중하게 여기지 않는 사람에게는 돈이 따르지 않는다.

10원짜리 동전은 가치가 낮고, 1만 원짜리 지폐는 가치가 높다고 차별해서 취급한다면 바닥에 떨어진 인간성을 돈이 알아차리게 된다. 돈이 따르게 하려면 얼마짜리든 소중하게 취급하는 것이 기본이다.

예를 들어, 일본 신주쿠역(JR선, 게이오선, 오다큐선, 도쿄 메트로, 도에이 지하철의 환승역)의 1일 평균 승객 수는 2017년 기준으로 약 353만 명이다. 세계에서 가장 많은 사람이 이용하는 이 전철역에서 돈을 줍는 것은 굉장한 행운이다.

설령 고작 10원 가치밖에 안 되는 동전이라고 하더라도 그 행운을 버리는 사람에게는 다른 기회도 오지 않는다. 작은 운을 쌓아야만 큰 운을 불러 모으는 토대가 된다.

앞서 언급한 오다시마구미의 오다시마 사장은 행운의 법칙을 잘 알고 있다. 어느 날, 오다시마 사장은 친구 둘과 거리를 걷다가 우연히 앞에 있던 청년이 3만 원을 줍는 장면을 목격했다. 오다시마 사장은 바로 그 청년에게 말을 걸어서 그 1만 원짜리 지폐 3장을 5만 원에 샀다. 청년으로서는 공으로 주운 3만 원이 5만 원으로 불어나는 셈이니 거절할 이유가 없었다.

오다시마 사장은 그 3만 원을 친구들과 1장씩 나누어 가졌다. 오다시마 사장으로서는 4만 원을 손해 보는 일이었다. 하지만 오다시마 사장은 동전 하나를 주워도 행운인데, 3만 원을 줍는 것은 엄청난 행운이고, 그 행운을 나누어 받는 일이라면 아깝지 않다고 생각했다. 친구들과 나누어 가진 1만 원짜리 지폐는 지금도 부적처럼 지갑에 넣어두었다.

동전 하나를 줍는 일은 적자라거나, 3만 원을 5만 원에 사는 일을 바보라고 말하는 사람은 눈앞의 이익을 따지는 데 급급한 사람이다. 눈앞의 이해득실에 현혹당하지 말고 돈을 소중하게 취급하는 사람이 되어야 오랫동안 돈이 따른다.

빨간 토마토는 먹지 않는다

무사시노의 경영계획서 표지는 검은색이다. 본문도 1도 인쇄를 했기 때문에 글자도 전부 검은색이다.

사실은 무사시노의 회계연도로 26기에 한 직원이 열정적으로 일한 나머지, 경영계획서 표지를 다홍색으로 하고 본문도 중요한 내용이 눈에 띄도록 검은색과 빨간색으로 2도 인쇄를 한 적이 있다. 그랬더니 그 해에 대폭으로 이익이 감소했다.

처음에는 단순한 우연이라고 생각했다. 하지만 그 후에 마찬가지로 경영계획서를 검은색과 빨간색으로 인쇄한 주식회사 모토무라(온디맨드·제본·물류 가공, 사이타마 소재)와 주식회사 히카리 시스템(오락 시설, 치바 소재)이 적자를 기록했다. 그 이후로 무사시노는 물론 경영 컨설팅 회원사는 경영계획서에 빨간색을 못 쓰게 한다.

나는 빨간색을 끔찍하게 싫어한다. 언젠가 출판사에서 내 책의 출간을 앞두고 견본을 보내왔다. 표지 디자인은 마음에 들었지만, 표지를 넘겼다가 깜짝 놀랐다. 면지(표지를 넘기면 제일 먼저 보이는 종이)가 새빨간 색이었다.

내가 책 디자인에 빨간색을 못 쓰게 한다는 사실은 출판사에서 내 책을 담당하는 편집자라면 누구나 알고 있는 철칙이다. 당연히 수정을 요청했다. 추가 비용이 들고 발매 시기 역시 늦어지지만, 빨간색이 들어간 채로 세상에 내놓는 것보다는 훨씬 낫다.

참고로 나는 빨간색 넥타이도 없고, 토마토도 먹지 않는다. 빨갛게 익은 토마토를 먹을 바에는 아직 파랗고 딱딱한 토마토를 먹는 편이 낫다. 그 정도로 내게 빨간색은 철천지원수다. 하지만 아내는 빨간 토마토를 아주 좋아한다.

돈과 시간

돈으로 유한한 시간을 산다

내가 가장 갖고 싶은 것은 무엇일까? 정답은 시간이다.

이제 일흔이 넘었으니 인생에 남은 시간은 고작 30년 정도일 것이다. 다행히 지금 무사시노 사장을 그만두어도 30년 넘게 편안히 살아갈 만큼 충분한 돈이 있다. 이 이상은 더 필요 없다.

이제까지 지도한 경영 컨설팅 회원사 중에 주식 상장을 준비하는 회사가 종종 나타나고 있다. 그런 회사에서는 내게 감사한 마음에 상장 전에 주식을 사라고 귀띔해준다. 하지만 나는 그런 제안을 전부 거절한다.

솔직히 '주식은 끓여 먹지도 구워 먹지도 못하지 않나. 뭔가 답례를 하고 싶다면 채소라도 보내주던가'라는 생각이 들기도 한다.

본디 주식투자를 비롯한 자산 운용으로 돈을 버는 것은 내 방식이 아니다. 직원들이 자산 운용을 한다면 말리지는 않지만 나는 일절 손대지 않는다. 돈은 직접 땀 흘려 벌기에 가치가 있다고 믿어서, 반드시 가격이 오르는 미공개 주식이 눈앞에 있어도 마음이 동하지 않는다.

돈과 시간

돈보다도 귀중한 것은 시간이다. 건강에 신경을 써서 오래 살지도 모르지만 그래도 자유롭게 걸어서 돌아다닐 수 있는 시간은 한정되어 있다. 1년 365일, 하루 24시간이라는 사실도 변하지 않는다. 한정된 시간 안에서 쓸데없이 낭비되는 시간을 줄이고 자유롭게 쓸 수 있는 시간을 얼마나 확보할 수 있는지가 최근 나의 관심사다.

돈은 오히려 시간을 확보하기 위해 투자한다. 돈으로 시간을 살 수 있다면 주저하지 않고 사는 편이 좋다. 남은 시간이 아직 많은 젊은 사람도 마찬가지다. 돈으로 시간이라는 자산을 확보해서, 이를 회사와 직원, 고객을 위해 쓴다면 결국은 다시 돈으로 되돌아온다. 이 선순환을 깨닫지 못하면 눈앞의 이익만을 쫓아다니다 일생이 끝난다.

환승 안내 서비스를 맹신하지 않는다

시간을 확보하기 위해 도려내고 싶은 것이 있다면 바로 이동 시간이다. 쓸데없는 일을 줄이고 시간을 확보하려는 사람은 많지만, 이동 시간에 대해서는 서두른다 한들 전철이 더 빨리 달리지는 않는다며 포기한다. 하지만 세상에 절대적인 것은 없다. 지금까지 당연하다고 생각했던 것들도 의심해볼 필요가 있다.

나는 환승 안내 웹 서비스나 애플리케이션을 믿지 않는다. 환승 안내 서비스는 소요 시간을 조금 길게 산정한다. 구체적으로는 플랫폼에서 가장 먼 곳에서부터 걷는다고 가정해서 소요 시간을 계산한다. 그렇게 하면 이용자가 늦는 일이 없어서 불만을 제기하지 않는다.

하지만 그 시간에 맞춰서 움직인다면 시간 낭비가 너무 크다. 환승 시간이 5분 걸리는 곳을 3분 안에 이동한다면 앞서 오는 전철을 탈 수 있을지도 모른다. 목적지까지 환승을 두 번 해야 하는 길은 조금 서두르면 10분은 줄일 수 있다. 그만큼의 시간이 생긴다면 충분히 다른 업무도 볼 수 있다.

나는 이동 시간을 줄일 수 있도록 미리 환승이 편리한 위치에서 탄다. '신주쿠역에서 갈아탄다면 여기', '요쓰야역에서 갈아탄다면 여기', '도쿄역이라면……'이라는 식으로 주요 역의 환승 위치를 거의 외우고 있다. 이렇게 해서 수십 초에서 2분은 줄일 수 있다.

또 환승을 할 때는 천천히 걷지 않고 빨리 걷는다. 덕분에 특별한 운동을 하지 않아도 나이에 비해 허리도 다리도 튼튼하다.

시간대에 따라 달라지기도 하지만 승차 위치를 정확히 파악하고 걸음을 빨리하면 앞서 오는 전철을 타는 경우가 꽤 있다. 부디 시험해보기 바란다.

이동 시간 중에 일류와 이류의 차이가 드러난다

이동 중에 시간을 보내는 방법도 중요하다. 멍하니 보낸다면 시간 낭비가 되지만 일을 하면 그만큼 사무실에서 일하는 시간을 줄일 수 있다. 나는 전철로 이동할 때, 아이패드로 메일을 확인하고 답장을 보낸다. 걷느라 손을 쓰기 어려울 때는 음성메시지를 확인하고 답변을 남긴다. 무슨 일이든 하면서 이동 시간을 낭비하지 않는다.

차로 이동할 때도 마찬가지다. 사장이라면 고급 자동차를 몰고 싶어 한다. 이때 스스로 운전한다면 이류, 운전기사를 두고 차내에서 업무를 본다면 일류 사장이다.

앞서 언급한 부동산 회사 어드레스의 다카오 사장은 매물을 보기 위해서 각지를 돌아다닌다. 이전에는 개인용 차를 직접 운전했는데 지금은 팔고 택시를 타거나 직원에게 회사 차를 운전하게 해서 이동한다.

직접 운전하지 않게 된 이유는 두 가지다. 우선 교통사고 예방을 위해서다. 생각에 집중하면서 운전하면 주의력이 분산되어 위험하다. 만에 하나 사고라도 당해서 입원한다면 회사에 피해를 주게 된다. 전문 기사에게 운전을 맡기는 편이 조금이라도 위험이 줄어든다. 또 하나는 이동 중에 업무를 보기 위해서다. 다카오 사장은 택시 안에서 회사 업무를 처리한다. 직원에게 운전을 맡길 때는 직원과 대화를 나눈다. 차 안은 일대일로 대화할 수 있는 공간이기에 속 깊은 대화를 나누기 쉽다. 굉장히 탁월한 시간 활용법이다.

능력치가 가장 낮은데도 왜 일을 빠르게 할까?

공익 재단법인 일본 생산성 본부가 실시하는 '에너자이저'라는 능력 측정 시험이 있다. 이 시험 결과로 단순업무 처리 능력과 복합업무 처리 능력을 파악할 수 있다.

무사시노에서 근무하는 직원이라면 모두 이 시험을 보는데, 사내에서 업무 처리 능력이 가장 낮은 사람은 누구일까?

바로 나다. 현재 기록은 단순업무가 48, 복합업무가 108이다. 원래도 높은 편은 아니었지만, 나이가 들수록 능력이 더 줄어들고 있다.

반대로 사내에서 능력이 가장 높은 직원은 단순업무가 85, 복합업무가 227로 거의 나의 2배다. 업무 처리 능력은 이 숫자에 비례하는데, 같은 일을 했을 때 사내에서 가장 업무 처리 능력이 높은 직원보다 내가 2배로 더 시간이 걸린다는 의미다.

하지만 능력이 떨어져 업무를 처리하는 데 시간이 더 걸리게 된 지금도, 나는 시간이 부족해서 업무를 마무리하지 못한 적은 없다. 왜일까? 하지 않는 일을 늘렸기 때문이다.

원래 사장의 업무는 '하지 않는 일'을 정하는 것이다. 중소기업은 자금과 인력 등의 경영자원이 한정되어 있다. 그런데 대부분 사장은 '이 사업을 해보자', '직원들에게 이것도 시켜야겠다'라는 식으로 생각나는 대로 업무를 늘려서 현장을 피폐하게 만든다. 오히려 '이것은 하지 않는다', '이것은 해서는 안 된다'라고 하는 편이 직원들은 집중해서 일할 수 있다.

사장 개인도 마찬가지다. 능력이 부족한 사장이 이것도 하고 저것도 하려 한다면 어떤 것도 완벽하게 처리하지 못해서 어중간한 채로 끝난다. 반면에 하지 않는 일을 미리 정해두면 한눈팔지 않고 해야 하는 일에만 집중할 수 있게 된다.

나는 예전부터 이런 방식으로 일해왔지만, 능력이 떨어진 현실을 깨닫고 나서는 하지 않는 일을 더 늘렸다.

예전에는 경영 컨설팅 회원사 사장 생일에 직접 쓴 축하 카드를 보냈다. 하지만 지금은 3년간 세미나나 모임에 참석하지 않은 사람에게는 보내지 않는다. 축하 카드를 1장 쓰는 데 3분 30초가 걸리는데, 축하 카드를 보내지 않음으로써 그만큼의 시간을 만들어냈기에 능력이 떨어져도 업무를 처리할 수 있다.

돈과
시간

본인의 평소 업무를 살펴보면 성과가 나지 않는 일에 시간을 들이는 경우가 몇 가지는 있을 것이다. 중요한 일이더라도 성과가 나지 않는다면 주저하지 말고 그만두자. 그렇게 함으로써 나처럼 능력이 부족한 사람도 여유롭게 일할 수 있다.

CHAPTER 3

돈을 제대로 쓰며 노는 법, 헛돈 쓰며 노는 법

돈과 취미

놀 줄 모르는 사람은 일할 때 고생한다

주말에 게임이나 다른 취미를 즐기는 직원과 업무를 생각하는 직원이 있다면, 여러분은 어느 쪽 직원을 높게 평가하겠는가?

나는 취미를 즐기는 직원을 높게 평가한다. 인간은 일할 때든 놀 때든 같은 머리를 쓴다. 놀 때 머리를 쓰는 직원은 일할 때도 머리를 쓰는 법이다. 업무 중에 어떤 문제에 부딪혔다면, 놀 때 이렇게 하면 해결되었으니 업무에서도 시험해보자고 유연한 발상을 할 수 있다.

한편 24시간 내내 업무만 생각하는 직원은 발상의 범위가 좁아지기 쉽다. 따라서 예상치 못한 사고가 발생하는 순간, 아무 생각도 못 하게 된다. 자동차 핸들에는 일부러 여유를 두어서 사고를 방지한다. 이와 마찬가지로 여유를 즐기지 못하는 인간은 망가지기 쉬워서 위험하다.

그렇다고 무조건 놀면 된다는 의미는 아니다. 똑같이 노는 것처럼 보여도 제대로 취미를 즐기면서 무언가 배우는 사람이 있는가 하면 그저 돈을 낭비하는 사람도 있다. 돈을 낭비하며 놀더라도 어느 시점에서 자제할 수 있다면 괜찮지만, 멈추지 못하고 빚을 지게 된다면, 그 이후는 상상조차 하기 싫다. 가정이 파탄 나고 업무에도 영향을 미친다.

나는 사장들에게도 취미를 즐기라고 권한다. 하지만 모범생으로만 살아온 사람에게는 최소한의 것만 가르친다. 지금까지 놀면 안 된다고 여기며 살아왔는데, 반대로 이제는 놀아야만 한다고 생각해서 브레이크가 고장 난 자동차처럼 멈추지 못하게 되기 때문이다.

취미는 인생을 윤택하게 해주지만 즐기는 방법이 잘못되었다면 오히려 신세를 망치게 된다.

그렇다면 취미에 쓰는 돈이 헛돈이 되지 않게 하려면 어떻게 해야 할까? 3장에서는 내가 직접 실천하는, 업무에 도움이 되도록 돈을 제대로 쓰며 노는 법을 소개하려고 한다.

경마에서 돈을 잃는 이유는 돈을 따려고 하기 때문이다

일본중앙경마회에서 개최하는 GI레이스(상위급 경주마가 출전하는 경주)는 연간 26번 경주가 열린다. 나는 일요일에 주요 경주의 마권만 사는데, 지난가을에는 7개 경주의 마권을 사서 5승 2패를 했다. 꽤 좋은 성적이었다. 구매액은 1레이스 쌍승식으로 2점씩 2만 원으로, 큰돈은 벌지 못했다.

이 이야기를 하면 "그 정도 적중률이라면 좀 더 크게 걸어서 많이 딸 수 있었을 텐데……"라는 말을 듣는다. 하지만 지금 쓰는 돈으로 충분하다. 나는 돈을 따기 위해서 경마를 하지 않는다. 목적은 어디까지나 이기기 위함이다. 따라서 금액은 적어도 상관없다.

어느 쪽이 목적이든 마찬가지 아니냐고 한다면 경마를 모르는 사람이다.

목적이 다르면 마권을 사는 방법이 달라진다. 나는 이기는 것이 목적이고, 이기는 방식으로 마권을 사기 때문에 지지 않는다.

대체 무슨 이야기일까?

돈벌이가 목적인 사람은 배당률을 보고 마권을 산다. 원래 A라는 말을 우승 후보라고 생각했더라도 인기가 있어서 배당률이 낮다면 예상을 바꾼다. 이렇게 판단이 달라지기 때문에 결과적으로 우승마를 맞추지 못하게 된다.

돈과
취미

나는 마권을 산 '후에' 배당률을 본다. 마권을 사기 전에 배당률을 보면 판단이 달라질 수 있고, 산 후에는 아무리 들여다본들 배당률이 변하지 않기 때문이다. 적중한 후에 얼마를 배당받게 되는지 확인하는 것만으로도 충분하다.

파친코는 인재 발굴의 도구가 되기도 한다

파친코를 할 때도 이기는 것을 목적으로 삼는다. 진지하게 이기려고 하기에 돈을 거는 기종이나 기계의 전적 데이터를 확인한다. 파친코 프로그램은 난수표로 움직이니 전적 데이터를 확인해도 의미 없다는 사람도 있는데, 이는 잘못된 생각이다. 확실히 프로그램은 난수표로 움직이지만, 프로그램을 짜는 사람에게는 일정한 습관이 있다. 전적 데이터를 보고 이 습관을 알아챈다면 이쪽의 승리다. 내가 가장 중요하게 보는 것은 잭팟이 잘 터지는 기계와 잘 터지지 않는 기계를 설정하는 점장의 습관이다.

레버를 돌리는 방법도 연구한다.

또 평소에는 기계에 5,000원어치의 구슬을 넣고 게임을 하지만, 잘 터지지 않을 때는 2만 5,000원어치의 구슬을 넣는다. 기계에 5배나 많은 구슬을 넣어서 그만큼의 무게가 실리면, 경사가 미묘하게 달라져서 구슬이 지나가는 길도 바뀐다. 옛날 기계는 이런 방식으로 간단하게 잭팟을 터트리고는 했다.

파친코는 지식이나 기술뿐 아니라 집중력도 필요하다. 예전에 직원들이 부탁해서 파친코 실전 교실을 열었던 적이 있다. 월 2회 직원들을 오기쿠보의 파친코 센터에 데려가서 가르쳤는데, 잭팟이 터질 만한 기계를 알려줘도 집중력이 부족하면 네 번째 게임부터는 흔들리기 시작한다. 한편 집중력이 좋은 직원은 같은 기계에서도 몇 번이고 잭팟이 터진다.

마침 그때 누구를 부장으로 승진시킬지 고민하고 있었는데 집중력이 좋은 직원을 부장으로 승진시켰다. 게임을 하며 집중력을 발휘할 수 있는 직원은 업무에서도 집중력을 발휘한다. 파친코는 인재 발굴의 도구가 되기도 한다.

이기는 것을 목적으로, 이기기 위해서 연구한다

파친코에서 쉽게 돈을 딸 수 있다고 장담해도 말뿐일 것이라고 의심하는 사람도 있을 것이다.

주식회사 시마야(건축 자재, 히로시마 소재)의 요시키 다카토 사장도 그중 하나였다. 내 '수행원 체험'은 월요일부터 토요일까지 진행되며, 일요일은 휴식을 취하며 파친코를 연구하는 데 시간을 쏟는다. 요시키 사장은 금요일과 토요일, 월요일에 수행원 체험을 신청했는데, 일요일에 우리 집 근처 파친코 센터에서 나를 기다리고 있었다. 내 파친코 실력을 확인하기 위해서였다.

요시키 사장이 파친코를 어떻게 하는지 가르쳐달라고 다가왔기에 나는 기계 2대를 가리키며 잭팟이 빨리 터지는 기계와 많이 터지는 기계 중 어느 쪽에 앉을지 선택하게 했다. 요시키 사장은 빨리 터지는 기계에, 나는 많이 터지는 기계에 앉아 게임을 시작했다.

내가 예상한 대로 1시간 후에 요시키 사장이 앉은 기계에서 먼저 잭팟이 터졌다. 하지만 최종적으로는 내 기계에서 잭팟이 많이 터졌다. 요시키 사장은 그제야 나를 믿게 된 듯, 그때부터 여섯 번이나 수행원 체험을 신청했다.

게임에서 이기고 지는 것이 운이라고 생각한다면 아무리 해도 이길 수 없다. 물론 운도 강해야 하지만 이기는 것을 목적으로, 이기기 위해서 연구를 하면 승률은 반드시 올라가고 최종적으로 이길 수 있게 된다. 나는 이런 노력을 하는 직원을 높게 평가한다.

취미가 물건 수집인 사람은 채용하지 않는다

취미에 돈을 쓰는 것은 좋은데, 그 방향이 물건을 수집하는 쪽으로 향한다면 바람직하지 않다. 돈으로 산 경험은 평생 재산으로 남지만, 물건은 팔거나 망가트리면 아무것도 남지 않기 때문이다. 형태가 있어서 눈에 보이는 것이 가치가 있다고 느껴질 수 있지만, 사실은 눈에 보이지 않는 것이 훨씬 가치가 높다.

무사시노의 이가라시 요시히사 부장은 굉장한 자동차 애호가로 자동차를 2대, 오토바이를 3대 가지고 있다. 급여 대부분을 자동차에 쏟아붓기 때문에 다른 경험을 하거나 직원들과 술을 마시러 갈 돈도 없다. 따라서 동기들이 점점 승진하는데도 이가라시는 만년 과장에 머물러 있었다. 최근에서야 겨우 마음을 바꿔 자동차에 대한 집착을 내려놓고 부장으로 승진했다. 이런 사례가 있어서 취미가 수집이라고 하는 입사지원자는 채용 단계에서 거른다.

채용 면접에서는 비와 눈과 구름의 차이를 설명하라는 질문을 던진다. 면접생 대부분은 이 질문에 대답하지 못한다.

모두 대답하지 못할 법한 질문을 하는 이유는 불합격자가 어떤 이유로 떨어졌는지 파악할 수 없게 하기 위해서다. 굉장히 어려운 질문을 하나 넣어두면 불합격자는 그 질문에 답하지 못했기 때문에 떨어진 것이라고 생각한다.

최근에는 취업준비생들끼리 정보를 공유하는 시대가 되었다. 하지만 이렇게 연막을 쳐두면 커닝에 가까운 면접 준비를 방지할 수 있다. 여기서 물건 수집이 취미라면 합격시키지 않는다고 밝혔지만, 이는 이 책을 읽은 취업준비생에게 주는 선물로 해두자.

사실은 앞서 언급한 굉장히 어려운 질문에 정답을 말한 입사지원자가 딱 1명 있었다. 하지만 채용하지 않았다. 연막으로 쓰인 질문이기에 정답을 말했는지 여부는 중요하지 않다. 그리고 이런 어려운 질문에 막힘없이 대답할 수 있는 날카로운 감각을 가진 사람에게 무사시노라는 그릇은 너무 작다. 다른 회사에서 활약하는 편이 본인에게도 낫다.

여행할 때 가장 신경 쓰는 것

나는 강연을 하거나 경영 컨설팅 회원사를 방문하기 위해 일본 전역을 돌아다닌다. 그리고 여행도 적극적으로 즐긴다. 정점관측을 하기 위해서 정기적으로 라스베이거스를 방문한 것이 50번 이상이고, 유럽도 18번이나 다녀왔다. 이는 연수이기에 업무의 일환이라 하겠다. 장기 휴가 때는 국내에서 휴식을 취한다.

여행을 다니다 보면 무언가 깨닫는 것이 있고 평소에는 느끼지 못한 자극을 받게 된다.

여행할 때 내가 가장 신경 쓰는 것은 위기관리다. 30여 년 전에는 일본에서 어디를 가든 물과 공기, 안전을 걱정할 필요가 없었다. 하지만 지금은 돈을 지급해야만 물과 공기, 안전이 확실하게 보장된다. 내가 사는 나라에서마저 그러하니, 해외를 나갈 때는 더 주의해서 위기관리에 돈을 쓰고 있다.

인도로 여행을 갔을 때의 일이다. 사전에 예약한 호텔이 여행사의 실수로 중복예약이 되어서, 우리는 모 은행의 단체 여행객에게 호텔을 내주어야 했다. 대신 배정받은 호텔은 따

돈과
취미

뜻한 물도 나오지 않는 싸구려 호텔이었다. 우리는 불편한 호텔 때문에 여행 내내 피로가 쌓였고, 여행지에서 느낄 법한 어떤 자극도 받을 수 없었다. 이후로 나는 위기관리를 최우선으로 삼게 되었다.

숙박은 무조건 5성급 호텔을 이용한다. 허영을 부리거나 호화로운 기분을 맛보고 싶어서가 아니다. 도난이나 사고와 같은 위기 상황을 줄이고, 만에 하나 사고가 발생했을 때 어떻게 대응하는지를 고려한다면 역시 최고급 호텔이 낫기 때문이다.

10~15명이 단체로 유럽 연수를 갈 때는 현지에 연식이 얼마 되지 않은 대형버스를 준비해둔다. 버스와 승용차가 부딪칠 때 생존 확률이 높은 쪽은 버스다. 또 낡은 차와 새 차 중에서는 당연히 새 차가 튼튼하다. 다행히 지금까지 사람이 다치는 교통사고를 당한 적은 없다. 하지만 만일의 경우가 생기고 나서야 '돈을 아끼지 말고 새 차로 할 걸'이라고 후회한다면 늦다.

항공사 마일리지를 사용하지 않는 이유

장시간 비행기를 타야 하는 해외에 갈 때는 피로가 쌓이지 않도록 비즈니스 클래스를 이용한다. 내가 직접 연수팀을 꾸려서 해외에 나가는 경우가 많기 때문이다. 이때 기본적으로 항공사 마일리지는 사용하지 않는다.

날씨 등의 문제로 결항이 되었을 때 항공사가 다음 항공편을 준비해서 제일 먼저 좌석을 제공하는 승객은 누구일까?

비즈니스 클래스 승객이라고 대답한다면 세상 물정을 모르는 사람이다. 최우선으로 항공편을 제공해주는 승객은 클래스와 상관없이 통상 요금으로 좌석을 산 승객이다. 다음이 할인 요금으로 좌석을 산 승객, 마지막이 마일리지를 사용해서 비행기를 탄 승객이다. 비즈니스 클래스라고 해도 마일리지로 좌석을 예약했다면 우선순위에서 밀린다.

물론 개인적인 여행이라면 우선순위에서 밀려도 상관이 없다. 하지만 해외 연수를 가는데 단장인 내가 일행보다 늦게 움직이게 된다면 큰일이다. 따라서 항공권은 항공사 마일리지로 사지 않는다.

여행은 비일상적인 체험이다. 일상 업무라면 문제가 생겨도 매뉴얼에 따라 행동하면 어느 정도 해결되지만, 비일상적인 문제는 매뉴얼이 없기에 피해가 커지기 쉽다. 피해를 최소한으로 줄이고 싶다면 사전에 예상할 수 있는 위기 상황에 대해서는 돈을 아끼지 말고 대책을 세워두어야 한다.

돈으로도 못 사는 골프 회원권을 어떻게 손에 넣을 수 있었을까?

나는 골프를 정말 못한다. 지금까지 내 최고 성적은 129타다.

예전에는 경영 컨설팅 회원사 사장들과 연 1회 골프대회를 했지만 실력이 너무 뒤떨어져서 그만두었다. 그런 내가 인생에서 딱 한 번 골프 회원권을 사려고 한 적이 있었다. 골프대회를 하던 '고가네이 컨트리클럽'의 회원권이다.

고가네이 컨트리클럽은 1937년에 설립된 명문 중의 명문 클럽으로 골퍼들 사이에서 유명하다. 회원 중에는 정·재계 거물들이 즐비하고, 거품 경제 시절에는 회원권이 억 단위였다.

물론 돈이 있다고 해서 누구나 회원이 될 수 있는 급이 낮은 클럽도 아니다. 일본에서도 최고 수준의 엄격한 심사를 거쳐야 해서 소문으로는 모 총리와 이름 있는 기업의 경영자도 입회를 거부당했다고 한다. 당연히 나 같은 중소기업 사장은 심사를 통과하지 못할 것이 뻔했지만 그래도 한 번 입회 신청을 해봤다. 그런데 예상외로 심사를 통과했다.

지금부터 하는 이야기는 내 추측이다. 내가 입회 심사에 통과한 이유는 무사시노가 지역 기업인 점이 컸다고 생각한다. 엄밀히 말하자면 고가네이 컨트리클럽의 소재지는 도쿄 고다이라지만 이름에 고가네이가 들어간 사실에서 알 수 있듯이 고가네이와 관계가 깊은 클럽이다.

당시 고가네이에는 그 나름의 규모를 자랑하는 회사가 몇 개 있었다. 가장 유명한 회사는 주식회사 스튜디오 지브리로, 현재도 본사 소재지는 고가네이다. M사 사장은 고가네이 컨트리클럽의 요직에 있을 정도다. 무사시노 역시 그 나름의 규모에 속하는 회사다.

또한 무사시노가 지역 활동에 이바지해왔기에 그 덕을 보았다고 생각한다. 무사시노는 예전부터 지역 상점가의 여름

축제가 열릴 때, 행사장의 설치나 경비를 담당하는 등 중심적인 역할을 해왔다. 또 예전에는 월 1회, 1999년 이후로는 매일 아침 회사 주변의 거리를 청소하고 있다. 아무래도 그러한 지역 활동을 높게 평가하지 않았을까?

진짜 이유를 확인할 방법은 없지만, 심적으로는 이 정도다.

무언가 보상을 기대하고 지역 공헌 활동을 하지는 않았다. 예전에 무사시노는 문제가 있는 직원들이 많았기에 조금이라도 지역 주민들이 안심하도록 이런저런 활동을 했을 뿐이다. 단지 그런 이유로 시작한 여러 활동이 결과적으로 돈이 있어도 살 수 없는 것을 손에 넣게 해주었다. 어디까지나 부차적인 결과이기는 하지만 착실하게 지역 공헌 활동을 하기 잘했다고 생각한다.

모처럼 심사에 합격해서 받은 입회 권리는 클럽에 백배사죄하고 철회했다. 처음에는 기세 좋게 신청했지만 나 같은 초보자가 코스에 나가는 일은 아무래도 죄송스럽다. 좀 더 골프를 사랑하는 사람에게 양도하는 편이 사회를 위한 일이다.

돈과 술

술값을 아끼는 사람은 성공하지 못한다

나는 직원을 채용할 때, 술을 얼마나 잘 마시는지를 중요하게 생각한다. 물론 술을 마시지 못해도 상관은 없다. 하지만 적어도 "저는 음료수를 마시지만, 술 마시는 자리를 좋아합니다"라고 말하는 사람을 채용한다. 술을 잘 마시거나 술 마시는 자리를 좋아하는 것을 중시하는 이유는 그런 사람일수록 일을 잘하기 때문이다.

　음식은 사람의 마음을 누그러뜨린다. 특히 술이 들어가면 사람은 경계심을 풀고 속마음을 드러내게 된다. 내가 진심으로 이야기한다는 사실을 알게 되면 상대도 진심을 터놓고 서로의 거리가 좁아진다. 그렇게 해서 주변과 서로 이해하며 관계를 쌓아가는 사람과 일정한 거리를 두는 사람 중 어느 쪽이 일을 잘할까?

개인전이라면 모르겠지만, 단체전에서는 압도적으로 전자다. 서로 이해하다 보면 각자의 장점을 발휘하게 해주고 부족한 부분을 보충해준다. 사람 사이의 벽이 낮기에 정보도 계속 들어온다. 이런 사실을 아는 사람은 사비로라도 적극적으로 직원들과 술을 마시러 다닌다.

무사시노는 과장급 이상 직원에게 매달 일인당 5만 원씩, 최대 5명까지 회식 수당을 책정해서 지급한다. 그런데 그 범위 내에서만 쓰겠다며 돈을 아끼는 관리직은 대개 성과를 내지 못한다. 재미있을 정도로 그 차이가 명확하게 나타난다.

사장 역시 회식비를 아끼지 않는 편이 좋다. 후쿠시마의 신시라카와라는 곳에서 세미나를 했을 때의 이야기다. 세미나가 끝난 후 회식 자리를 가졌고, 늘 그렇듯 포도주 내기 가위바위보를 했다. 경영 컨설팅 회원사들과의 회식에서는 언제나 가위바위보를 해서 진 사람이 음식 값을 부담한다. 포도주 내기 가위바위보도 그중 하나다.

어느 날, 이 가위바위보에 참가하지 않는 사장이 있었다. 나중에 이유를 물었더니 본인은 술을 마시지 않기에 진다면 손해라고 했다. 이렇게 생각해서는 안 된다.

물론 마시지 않는 술을 마실 필요는 없지만, 가위바위보에 동참해야 다른 사람들과의 거리를 좁힐 수 있다. 다른 사장들과 가까워지면 회사 경영에 있어서 유익한 정보도 얻을 수 있고, 곤란한 일이 생겼을 때 상담할 수도 있다.

가위바위보는 외로운 자리에 있는 사장들에게 동료를 만들어주기 위한 장치다. 그 장치를 스스로 포기해도 될 만큼 강인하고 능력이 뛰어나냐고 나도 모르게 설교를 시작했다.

돈과 술

술값이 진짜 술을 마시는 값이라고 생각해서는 안 된다. 술값은 소통을 위해 쓰는 비용이다. 포도주 가위바위보에서 진 사람은 포도주를 사는 것이 아니라, 다 함께 즐기는 경험과 그 경험을 통해 생긴 인연에 대한 대가를 부담하는 것이다. 그것을 알지 못하는 사람은 술값을 아끼려다 더 큰 것을 놓치게 된다.

사장은 금전 감각의 틀을 깨트려야 한다

앞서 가위바위보에서 지면 그 자리에 함께한 사람들의 음식
값을 전부 부담한다고 말했다. 경영 컨설팅 회원사들과의 회
식에서 이런 내기를 하는 이유는 또 있다. 사장의 금전 감각
의 틀을 깨트리기 위해서다.

앞서 언급한 어드레스의 다카오 사장은 원래 술을 전혀 마
시지 않았다. 무사시노의 세미나에 처음 참석한 후에 가부키
초에 데려갔을 때는 우롱차를 마시던 사람이었다.

그날 3차까지 갔는데 매번 다카오 사장이 가위바위보에서
져서 30만 원씩 세 번, 90만 원을 술값으로 내야 했다. 다카
오 사장은 신용카드도 없고 현금도 70만 원밖에 없어서 부
족한 돈을 당시 무사시노의 평사원이었던 소가 고타로에게
빌렸다. 다카오 사장으로서는 속 쓰린 경험이었을 것이다.

하지만 다카오 사장은 그 후에도 빼지 않고 계속 회식에
참석했다. 가위바위보를 하면 질 때도 있고 이길 때도 있다.
이기면 공술을 얻어 마시지만, 지면 하룻밤에 100만 원 이상
을 쓰기도 한다. 술을 마신다고 해도 지금까지 3~4만 원이

면 되는 술집만 다니던 다카오 사장의 금전 감각의 틀이 점차 부서졌다.

주식회사 고토구미(건설, 야마가타 소재)의 고토 시게유키 사장도 금전 감각의 틀을 깨트렸다. 고토 사장은 값비싼 술집을 싫어했다. 하지만 나와 오다시마구미의 오다시마 사장에게 이끌려 가부키초에서 가장 비싼 술집에 갔다가 사다리타기에 걸려서 80만 원이나 되는 술값을 부담해야 했다. 술값이 비싼 만큼 서비스가 좋은가, 하고 생각했지만 다른 술집과 딱히 다르지 않았다. 그 이후로는 그 술집에 비하면야, 라며 레스토랑에서 수십만 원의 코스 요리를 주저하지 않고 주문하게 되었다고 한다.

직원들은 상식적인 금전 감각을 가져야만 한다. 금전 감각이 망가지면 가정도 망가진다.

하지만 사장은 다르다. 사업을 위해서는 큰돈을 투자해야 하고, 자금을 조달하기 위해 대출을 할 필요가 있다. 그럴 때 직원 수준의 금전 감각을 가지고 투자나 대출에 주저한다면 기회를 놓치게 된다. 사장의 금전 감각은 일반 사람이 볼 때 망가졌다고 느껴야 적당하다.

한계치의 금액으로 경매를 낙찰받다

실제로 다카오 사장은 금전 감각의 틀이 깨진 덕에 기회를 잡았다. 리먼 브라더스 사태 이후, 어느 건물이 경매에 나왔다. 사전 조사에 따르면 최대 입찰가는 100억 원이고, 어드레스는 여유 자금이 고작 5억 원밖에 없었다. 최대한 끌어모아도 25억 원으로, 4순위라 낙찰은 불가능에 가까웠다.

하지만 다카오 사장은 한계치인 25억 원을 조달해서 경매에 참여했다. 그러자 운이 좋게도 1~3순위까지의 회사가 전부 불참했다. 어드레스는 고수익을 내는 건물을 손에 넣을 수 있었고 투자한 이상의 이익을 얻었다.

예전 같았으면 사전 조사 단계에서 포기했겠지만, 술집에서 평소의 10배에 이르는 술값을 쓰게 된 다카오 사장에게는 5억 원이나 5배가 늘어난 25억 원이나 별 차이가 없었다. 금전 감각의 틀이 깨져서 행운을 잡을 수 있었던 것이다.

이처럼 사장은 지금까지의 금전 감각의 틀이 깨질 정도로 술을 마시는 편이 좋다. 다만 거하게 술을 마시다 보면 좋은 사람뿐 아니라 나쁜 사람도 접근하기에 주의해야 한다.

주식회사 간츠(종합 물류, 오사카 소재)의 다츠시로 히사히로 사장은 술자리에서 들은 정보를 근거로 개인적인 투자를 했다가 큰 손해를 보았다. 술자리에서 들은 솔깃한 이야기가 진짜일 리 없다. 특히 본인보다 돈을 벌지 못한 사람이 돈을 벌 수 있는 이야기를 한다면 이성적으로 의심해야 한다. 정말로 돈을 벌 만한 건이라면 다른 사람에게 가르쳐주지 않고 본인이 직접 움직일 테니, 그 정보가 흘러나온 것 자체가 수상하다고 의심하는 것이 타당하다.

먹고 마시며 금전 감각의 틀을 깨는 것도 필요하고, 그 감각으로 본업에 투자하는 것도 필요하다. 하지만 관계없는 지점에서 나사가 빠지면 곤란하다. 돈을 언제, 어디에 써야 하는지 헷갈리지 않도록 주의하기 바란다.

같은 가게만 계속 다닌다

여러 가게를 개척해서 넓고 얕게 즐길까? 아니면 항상 같은 가게를 문턱이 닳도록 다닐까? 여러분이 유흥을 즐기는 방법은 어느 쪽인가?

나는 어느 한 곳을 정하고 나면 계속 그 가게로 향한다. 회사 경영에 있어서 지역을 넓히기보다 좁은 지역에 깊게 침투하여 점유율을 높이는 '란체스터 전략'이 유효하다. 음식점과의 관계도 마찬가지로 좁고 깊은 편이 좋다.

나는 항상 가부키초 후린카이칸 근처에서 술을 마신다. 예순다섯 살을 넘기면서 이제 가부키초는 졸업했지만, 그 전에는 가는 곳이 늘 정해져 있었다. 다른 지역이나 가게에 한눈을 판 적도 있지만 그마저도 정해져 있었고, 지나가는 길에 우연히 아무 곳이나 들어가는 경우는 거의 없다.

왜 같은 가게만 계속 다닐까? 갈 때마다 가게와 손님이 서로 조금씩 학습이 되어서 나중에는 편안하게 머물 수 있기 때문이다.

나는 '이 가게는 이 음식이 맛있다', '이 조리장이 만들어주는 초밥이 맛있다', '매주 이 요일에는 혼잡하니 피하는 편이 좋다'는 사실을 알고 있다. 식당 역시 '이 손님은 이러이러한 맛을 좋아한다', '오래 앉아 있지 않고 금방 돌아가니 코스 요리는 시간을 두지 않고 바로 내가는 편이 좋다'는 사실을 기억한다. 그렇게 학습이 되어서 서로 호흡을 맞춰 주문하고 접대하니 탐색전을 하지 않아도 되어서 좋다.

최근에는 SNS에 사진을 올려서 '좋아요'를 받으러 화제가 되는 식당을 찾아다니는 사람도 있다고 한다. 하지만 나는 함께 간 사람과 기분 좋게 대화하기 위해 식당을 찾는다. 그 목적을 생각하면 매번 새로운 곳을 찾아가 처음부터 관계를 쌓아가야 하는 일은 번거로울 뿐이다.

고급 술을 마실 때 삼류와 일류의 차이가 드러난다

가게와 좋은 관계를 맺으려면 우선 가게에서 일하는 사람들과 얼굴을 익혀야 한다. 어떻게 하면 얼굴을 익힐 수 있을까?

이때 절대 하지 말아야 할 일은 눈에 띄려고 허세를 부리는 것이다. 허세를 부리면 분명 얼굴은 기억할 것이다. 하지만 나쁜 인상으로 기억된다면 서비스가 나빠진다. 역효과다.

'모리이조'라고 하는 고급 소주가 있다. 좀처럼 구하기 어려운 술이다 보니 가게에 들어와도 메뉴에는 올리지 않는다.

단골에게만 살짝 권하거나 손님이 물어봤을 때 특별하게 내
놓는 환상의 소주다.

잘 모르는 사람은 모리이조를 자리에 두고 마신다. 자신이
술에 정통하고, 이 귀한 술을 마실 줄 아는 사람이라고 보이
고 싶기 때문이다.

하지만 이는 가게에 폐를 끼치는 일이다. 이를 본 다른 손
님들도 모리이조를 마시고 싶어 하면 가게 주인은 모두에게
내놓아야만 한다. 그러다가 다 팔리면, 모리이조가 들어오기
만 기다리고 있던 단골에게 면이 서지 않는다.

나는 모리이조가 들어왔다는 이야기를 들으면 잔에 따라
서 가져오게 한다. 보기에는 보통 소주와 다를 바 없기 때문
이다. 나는 환상적인 그 술을 맛보고, 가게는 단골에게 줄 몫
을 확보해둘 수 있다. 모리이조가 들어왔는지 알지 못하는
다른 손님들도 실망하지 않는다. 아무도 곤란해지지 않는 술
마시는 방법이다.

가게의 입장에서 다음에 또 귀한 것이 들어오면 어떤 손님
에게 대접하려고 할까? 허세 부리지 않고 눈에 띠려고 하지
않았던 나일 것이다.

애쓰지 않아도 얼굴을 기억시키는 방법

가게 종업원에게 얼굴을 기억시키기 위해서 기발한 행동을 할 필요는 없다. 나는 그저 언제나 같은 자리에 앉고, 같은 메뉴를 주문하고, 같은 행동을 하려고 의식한다. 아무것도 아닌 일처럼 보이는 것도 반복하면 다른 사람에게 깊은 인상을 남기게 된다. 서툴게 허세를 부리는 것보다 훨씬 낫다.

나는 어느 작은 바에서 항상 끝자리에 앉는다. 그 자리가 비어 있지 않으면 다음에 오겠다며 돌아선다. 그랬더니 결국 다른 손님들이 배려해서 자리를 옮겨주게 되었다.

또 그 바에는 노래방 기계가 있는데, 나는 항상 같은 노래를 부른다. 노래를 잘 부르지 못하는데다 멜로디도 잘 익히지 못하기 때문에 항상 같은 노래만 부르는 것이다. 얼굴을 기억시키게 하기 위해 한 행동은 아니지만 이 역시 인상적이었던 듯하다. 내가 없을 때 다른 누군가가 그 노래를 불렀더니 어느 단골이 '최근에 그분이 안 오시네'라고 중얼거렸다고 한다.

다른 가게에서도 마찬가지다. 가능한 한 같은 행동을 계속하면 굳이 애쓰지 않아도 상대방이 얼굴을 기억하게 된다.

가게에서 가장 비싼 술을 주문하는 등 허세를 부리는 방식으로 눈에 띄는 것보다 영리하고 효과적인 방법이다.

다른 사람의 자서전에 언급될 수 있는 사람이 된다

나는 가게 종업원뿐 아니라 다른 사람들에게도 강한 인상을 남기고 싶다. 고객이나 취업준비생, 그리고 이 책을 읽는 독자들에게도 말이다. 이들이 자신의 역사를 한 권의 책으로 쓴다면, 처음 10쪽 내로 내가 등장하는 것이 최종 목표다.

첫 번째 목표는 우선 그 사람이 자서전에서 나를 언급해 주는 것이다. 100쪽에 달하는 자서전이라면 그 사람의 인생에 영향을 준 중요한 100명에 내 이름을 올리고 싶다. 적어도 무사시노 직원들이 자서전을 쓴다면 100쪽 내에 내 이름이 언급되지 않을까? 사내 결혼을 해서 내가 중매를 한 셈이라면 분명 50쪽 이내이리라 믿는다.

하지만 이보다 앞쪽으로 가기란 쉽지 않다. 자서전에서 앞부분은 부모님과 배우자의 이야기를 할 것이다. 그들에 이어

언급되려면 상당한 영향을 주었어야 한다.

하지만 이런 내 목표가 실현된다면 '다른 사람에게 도움이 되었다. 인생을 허투루 살지는 않았다'고 당당하게 생각할 수 있게 될 것이다.

카드보다 현금을 쓴다

감사하게도 나는 어떤 가게에서든 중요한 손님으로 대우를 받는다. 단골인데다 속속들이 알기 때문만은 아니다. 가게의 입장에서 '좋은 손님'이기 때문이다.

돈과 술

나는 항상 내 신분을 숨기고 술을 마신다. 사장이라는 내 신분을 알게 되면 투자 이야기를 하거나 상담을 받으려 하기 때문에 휴식을 취할 수 없어서 언제나 가명을 쓴다.

가명은 가게에 따라 달리 사용한다. 간판이 하얀 가게는 가시와기柏木, 검은 가게는 구로키黑木처럼 간판 색에 나무 목 변의 한자를 붙이는 것을 규칙으로 삼아 통일하면 헷갈리지 않는다.

가명을 여러 개 쓰는 이유는 그냥 장난일 뿐, 특별한 의미는 없다. 하지만 가명을 쓸 때 장애물이 되는 것이 있다. 바로 신용카드다. 카드에는 '고야마 노보루'라는 내 본명이 명기되어 있다. 가시와기라고 이름을 대는 남자가 고야마의 카드를 사용하면 의심스럽다. 따라서 결제는 언제나 현금으로 한다.

처음에는 이런 까닭으로 현금을 썼지만, 어느 날인가 신용카드로 음식 값을 내는 손님보다 내가 대접을 잘 받는다는 사실을 깨달았다. 생각해보면 당연하다.

카드 수수료를 가게가 부담하는 구조이다 보니, 가게 입장에서는 같은 서비스를 제공하고 더 많은 이익을 얻을 수 있는 현금 손님을 귀하게 대접하는 것이다.

해외에서는 현금을 쓰지 못할 때도 많아서 어쩔 수 없이 신용카드를 쓰지만, 국내에서는 여전히 현금을 주로 쓴다. 현금이 없는 사회가 되어도 가게에 불리한 점을 해소하지 않는 한, 현금이 우위인 상황은 변하지 않는다. 당분간은 계속 현금으로 지급하고 좋은 손님으로 있으려 한다.

빨리 왔다가 빨리 떠난다

내가 가게 주인을 기쁘게 하는 점이 또 하나 있다. 바로 집중력은 좋지만 지구력이 부족해서 같은 가게에서 1시간 반 이상 앉아 있으면 엉덩이가 근질근질하다는 점이다.

식당에서는 코스 요리를 대개 2시간으로 정하고 음식을 내오는데, 나는 미리 말해서 1시간 안에 내오라고 한다. 특히 초밥집의 카운터 좌석 같은 곳에서는 몇 개 집어 먹고 30분 안에 일어설 때도 있다.

식당 입장에서는 나처럼 나름 객단가가 높으며 빠르게 먹고 일어서는 손님이 감사할 수밖에 없다. 술을 많이 마시지는 않지만 바로 다음 손님을 맞을 수 있어 가게로서는 자리 회전율이 높아지고 전체적인 매출이 늘어난다.

얼마 전에 들렀던 식당은 당일 예약이 거의 불가능한 인기 식당이었다. 하지만 저녁 5시 반쯤 전화해서 지금 가도 괜찮을지 물었더니 곤란해하는 기색 없이 오라고 했다. 7시에 예약이 있어 다른 손님이라면 거절했겠지만 나는 1시간 안에 일어선다는 사실을 알고 있어서 비어 있는 시간에 받아주었다.

빨리 왔다가 빨리 떠나는 습관은 가게에도 손님에게도 도움
이 된다. 오래 머무는 습관은 가능한 한 버리는 편이 좋다.

카바레 클럽에서 인기 있는 손님이 되는 법

남성을 위해 카바레 클럽에서 인기 있는 손님이 되는 법에
대해서도 전수하겠다.

2018년 1월 10일, '시로이 바라'라는 도쿄 긴자에 있는 카
바레 클럽이 87년의 역사를 뒤로하고 문을 닫았다.

내가 술을 가장 많이 마시던 시절에는 이 클럽에서 지명하
는 아가씨가 10명 있었다. 그 10명을 임의로 A반과 B반으로
나누어, A반 아가씨는 초반 30분만 오게 하고 후반 30분에
는 못 오게 했다. 반대로 B반 아가씨는 후반 30분만 오게 하
고 초반 30분은 못 오게 하는 규칙을 정했다. 인간은 희한하
게도 오지 말라고 하면 더 오고 싶어 하는 존재다. 아가씨들
은 이 규칙이 생긴 후에 오히려 더 내 자리에 있으려고 했다.

내가 인기 있던 이유는 또 있다. 지명을 많이 받는 아가씨

는 가능한 한 많은 자리를 돌아다니고 싶어 한다. 손님은 반대로 지명한 아가씨를 가능한 한 오래 자기 자리에 앉혀두려 한다. 그래서 실랑이가 벌어지고, 아가씨는 어떻게 하면 손님을 불쾌하게 하지 않고 그 자리를 떠날지 고민한다.

나는 그 모습을 보고 다른 아가씨가 오면 자리에 있던 아가씨는 일어나는 규칙을 만들었다. 아가씨들은 그 규칙 덕에 불필요한 실랑이 없이 자리를 뜰 수 있어서 모두 내 테이블에 앉고 싶어 한다.

금방 자리를 뜨게 하면 아가씨와 깊은 관계를 맺지 못하지 않느냐고 한탄하는 소리가 들리는 듯하다. 하지만 애초에 깊은 관계가 되려는 생각이 잘못이다. 옛날 카바레 클럽은 박스석 위주였지만, 최근 카바레 클럽은 나란히 앉는 것이 기본이고 조명도 어둡다. 그편이 아가씨들의 얼굴이 잘 보이지 않아서 손님들이 환상을 느끼게 되기 때문이다.

또 교양 있는 긴자 클럽의 호스티스는 1시간을 이야기해도 질리지 않지만, 가부키초의 젊은 아가씨들은 15분이 한계다. 깊은 관계가 되려는 마음에 밝은 곳에서 길게 이야기하다 보면 분명 환상이 깨지고 결국은 깊은 관계가 되고 싶은 마음

돈과 술

이 사라질 것이다.

이런 점을 잘 알기에 가부키초의 카바레 클럽 매니저는 아가씨들을 15분마다 다른 자리로 옮기게 한다. 환상을 파는 가게이니 그런 전략은 훌륭하다.

젊은 아가씨들을 바보 취급하려는 것은 아니다. 인생 경험이 짧기에 대화의 깊이가 얕은 것은 당연하다. 남녀 모두 그렇다.

무사시노의 젊은 남성 직원 대부분은 입사 1년 차에 일반 가정을 대상으로 한 다스킨 홈서비스 부문에 배속된다. 주부 고객들이 젊고 발랄한 남성 직원들에게 호감을 느끼기 때문이다. 하지만 대부분 1년 내에 다른 부서로 이동시킨다. 고객과 낯을 익히게 되면 문제가 생기고, 고객들과 더 깊은 대화를 나누게 되면 다른 부분에서 경험을 쌓게 되기 때문이다.

카바레 클럽을 통해 젊은 사람들의 심리를 파악한다

카바레 클럽에서 15분마다 아가씨들이 자리를 옮기는 방식은 내게도 좋다. 남들이 보면 여자에게 잘 보이려는 수작으로 여겨질지도 모르지만 내가 카바레 클럽을 가는 이유는 젊은 사람들의 심리를 조사하기 위해서다.

이 이야기를 하면 좋아할지 아니면 반감을 살지, 같은 이야기를 해도 말하는 방식을 이렇게 바꾸면 반응이 어떻게 달라질지 등을 아가씨들을 상대로 시험해본다. 회사에서 뜬금없이 시도했다가 실패하면 직원들이 그만둘 위험이 있다. 하지만 카바레 클럽이라면 실패해도 큰 문제가 되지 않는다. 얼마든지 다른 상대가 자리에 온다. 아가씨와의 대화는 젊은 사람들의 심리를 조사하기 위해서니 상대가 자주 바뀌어 많은 사람을 상대하게 되는 편이 좋다. 긴자보다 가부키초가 좋은 이유 중 하나는 훨씬 더 많은 시험을 해볼 수 있기 때문이다.

입사내정자들이 입사를 포기하는 경우가 드물고 젊은 직원들이 그만두지 않는 회사로 무사시노가 변한 비법은 내가 예전부터 카바레 클럽을 다녔기 때문이다. 카바레 클럽을 다니는 것을 정당화하는 변명이 아니라 사실이다.

맛있는 식당은 입구를 보면 안다

기본적으로 나는 항상 같은 가게만 다니지만, 지방 출장을 가면 새로운 곳을 찾아야 할 때도 있다. 그럴 때 모르는 거리에서 맛있는 가게를 찾으려면 어떻게 해야 할까?

우선 입구를 살펴본다. 슬쩍 봐서 입구 주변이 지저분한 식당은 들어가지 않는다. 입구는 가게의 얼굴이라서 어떤 곳이든 깨끗한 모습을 보여주려 한다. 그런 입구가 지저분하다면 밖에서 보이지 않는 주방은 훨씬 더 지저분하지 않을까?

주방이 지저분한 곳이라면 음식이 맛있을 리 없다. 우선 위생적인 면에서도 문제고 요리사도 일하기 불편해서 제대로 된 음식을 만들지 못한다.

반대로 맛있는 식당은 주방이 잘 정리되어 있고 요리사가 능수능란하게 움직일 수 있도록 환경이 갖춰져 있다. 오픈 주방이 아니라면 직접 확인할 수 없지만, 입구를 보면 주방이 어떠할지 대충 짐작할 수 있다. 따라서 입구에 쓰레기가 떨어져 있거나 정리되어 있지 않은 곳은 피한다.

요리사와 종업원 수,
정어리 대가리와 전복 껍질에 주목한다

식당에 들어가면 요리사와 종업원의 수를 확인한다. 아무리 실력 좋은 요리사라도 한 번에 내놓을 수 있는 음식은 한정되어 있다. 식당 규모에 비해 요리사의 수가 적다면 요리가 굉장히 늦게 나오거나, 빨리 나와도 요리가 엉망이거나 둘중 하나다. 나는 빨리 먹고 빨리 일어서는 사람이기에 전자의 식당은 맞지 않고, 후자의 식당은 맛이 없을 것이다. 어느 쪽이든 요리사가 적은 식당은 별로다.

종업원의 수도 마찬가지다. 요리사가 음식을 맛있게 만들어도 바로 내오지 않으면 맛은 반감된다.

요리사와 종업원 중 어느 쪽이든 인원이 극히 적다면 예의를 갖춰 사과하고 식당을 나오는 편이 좋다. 나중에 불만을 터뜨리는 것보다 훨씬 낫다.

카운터에 재료를 진열해놓은 초밥집이라면 식자재의 상태를 보고 맛있는 가게인지를 구분할 수 있다. 대부분의 초밥집에서는 대가리를 떼거나 이미 후처리를 한 상태로 정어리

돈과 술

를 보관한다. 정어리는 쉽게 상해서 신선도가 떨어지면 바로 알아차릴 수 있다. 따라서 신선도를 못 알아차리도록 대가리를 떼어낸다. 반대로 대가리가 있는 정어리를 내놓는 곳이라면 식자재가 신선한 곳이라 하겠다.

전복도 껍데기를 보면 신선도를 알 수 있다. 바다에서 건져 올린 2일 차, 4일 차에는 신선도가 다르다. 전복 내장도 2일 차에는 짙은 파란색이지만, 4일 차에는 황토색이다. 색깔로 진실을 알 수 있다.

실패하지 않는 포도주 구분법

술은 어떨까? 술은 가게에서 만들지 않으니 직접 맛있는 상품을 고르면 된다. 포도주처럼 선택지가 많은 술은 배경지식이 없으면 맛있는 상품을 고를 수 없을까? 그렇지 않다.

나는 예순다섯 살이 되면서부터 포도주를 본격적으로 마셨다. 어떤 산지에서 생산된 어떤 품종의 포도가 맛있다는 등의 관련 지식은 여전히 부족하지만, 그래도 지인들은 내가 고르는 포도주에 대개 만족한다. 포도주 전문가는 아니지만 맛있는 포도주를 고르는 편이다.

포도주를 고를 때는 제일 먼저 병의 무게를 확인한다. 어떤 포도주든 용량은 750밀리리터로 같지만, 병을 포함한 무게는 다르다. 좋은 포도주일수록 훌륭한 병을 사용하기 때문이다.

다음으로 생산연도를 확인한다. 생산연도는 다소 지식이 필요한데, 포도가 잘 영글었던 해에 생산된 포도주가 맛있다. 다만 숫자를 많이 외우기는 귀찮다. 나는 간단하게 누보(신작)를 마셔보고 내가 맛있다고 느꼈던 해의 포도주를 주문한다. 내가 포도주를 마신 후부터라면 2013년과 2015년에 생산된 포도주가 맛있다. 경험으로 기억하기에 쉽게 잊지 않는다.

마지막으로 도수를 확인한다. 도수가 높은 포도주는 만드는 방법이 간단하고 반대로 도수가 낮은 포도주는 기술이 없으면 숙성된 맛을 내지 못한다. 어느 연도이든 도수가 낮은 포도주는 이름이 알려지지 않았더라도 꽤 맛이 좋다.

산지나 품종을 몰라도 이 몇 가지만 기억한다면 실패하지 않고 맛있는 포도주를 고를 수 있으니 참고하기 바란다.

CHAPTER 4

돈을 잘 쓰면
가정도 행복하다

돈과 부부

성공한 후에 결혼하는 것이 좋을까?

나는 직원들에게 결혼을 권한다. 결혼 여부에 따라 성공이
정해지지는 않지만, 결혼하고 가족을 부양하는 데 책임감이
생기면 돈을 더 많이 벌기 위해 열심히 일한다. 결과적으로
성공도 빠르다.

문제는 시기다. 너무 빨리 결혼하면 적은 급여로 가정을 책
임져야 하기에 부하직원이나 동료들과 소통할 만한 금전적
여유가 없다. 주변 사람들과 소통이 줄어들면 정보를 얻기
어려워지고 따라서 성과를 내기 힘들다. 플러스가 되어야 하

는 결혼이 마이너스가 돼서 역효과다.

젊을 때는 자신에게 투자해서 성공을 위해 노력하고, 급여가 어느 정도 오른 후에 결혼하는 편이 좋다. 이 순서라면 업무에도 가정에도 충실할 수 있지만, 반대라면 업무적인 면에서 한 사람 몫을 해낼 만큼 성장하기 위한 투자를 하기 어렵다. 자신에게 투자하지 않으면 성공하기도 어렵고 머지않아 배우자도 실망할지 모른다. 순서를 따르지 않으면 회사에서도 가정에서도 좋지 않은 결과를 얻을 가능성이 크다.

무사시노 사내 커플의 이혼이 적은 이유

하지만 빨리 결혼해도 괜찮은 예외가 있다. 무사시노 사내 커플이다.

무사시노에서 사내 커플이 결혼하면, 아내는 남편에게 퇴근 후에 빨리 집에 오라고 재촉하지 않는다. 남편이 일찍 들어오면 오히려 동료들과 술을 마시러 가라고 다시 내보낸다. 남편이 술을 마시고 늦게 들어와도 아내가 이해하는 까닭은 아내가 누구보다도 회사의 급여와 승진 구조를 잘 알기 때문이다. 남편이 일찍 들어오면 승진에 불리할 수 있다는 사실을 알기에 남편을 밖으로 쫓아낸다.

나는 결혼식에서 축사할 때 이 사실을 상기시키기 위해 상여금의 반은 남편에게 주라고 거듭 당부를 한다. 모든 사람 앞에서 이렇게 말해두면 남편도 사장님이 그렇게 말했다며 아내를 설득하기 쉽다. 직원들의 행복을 생각해서 보내는 축사다.

그리고 아내만 참아야 한다면 불공평하니, 만약 부부싸움을 하게 되면 언제든지 내게 연락하라고 아내의 편에서도 축사를 남긴다. 실제로 핫라인을 통해서 부부싸움을 했다는 보고가 들어오면 직원들이 모이는 조례에서 남편을 공개적으로 질책한다. 그것을 알고 있기에 남편은 좀처럼 아내에게 반항하지 않는다. 부부싸움이 일어나면 남편은 바로 백기를 든다.

무사시노 사내 커플의 결혼율은 55퍼센트로 높지만 10년 간 이혼한 부부는 한 쌍뿐이었다. 내 축사가 분명 도움이 되었을 것이다.

무사시노에서 사내 커플이 결혼할 때, 두 사람 모두 재직

한 지 3년이 넘었다면 결혼축하금으로 100만 원을 지급한다. 그 돈 때문에 일생의 동반자를 정하는 직원은 없겠지만, 회사로서는 사내 결혼을 환영한다는 의사표시다.

직책이 높은 배우자가 일하는 것이 이득이다

사내 커플이 결혼한 후에 싸우게 되는 이유는 대개 육아와 가사 분담 때문이다.

무사시노는 남녀차별을 하지 않는다. 실제로 여성 관리직도 많고, 최근 입사 2년 차에 과장이 된 5명 중 4명이 여성이었다. 따라서 남자가 일하고 여자가 가정을 돌봐야 한다는 가치관은 강요하지 않는다.

다만 무사시노에서는 직책이 높은 쪽이 중심이 되어 일하고 다른 한쪽이 가정을 돌보는 편이 가족의 총수입 면에서 봤을 때 이득이다.

남편이 과장, 아내는 일반 사원이라고 하자. 물론 남녀가 반대인 상황이어도 상관없지만, 현실적으로는 남편이 나이가

돈과
부부

많고 직책이 높은 경우가 많으니 이렇게 가정하자.

남편은 업무에 집중해서 A 평가, 아내는 업무를 우선하지 못해서 C 평가를 받았다. 그렇다면 남편의 점수는 280, 아내는 100이다. 상여금은 남편이 280 곱하기 1만 5,500원 해서 434만 원, 아내가 100 곱하기 1만, 3000원 해서 130만 원이다. 이를 더하면 합계 564만 원이 된다.

반면에 남편이 가사와 육아를 담당해서 C 평가, 아내가 회사 일을 열심히 해서 A 평가를 받았다면 어떻게 될까? 남편은 140, 아내는 200으로 점수 합계는 340이다. 상여금은 남편이 140 곱하기 1만 5,500원으로 217만 원, 아내가 200 곱하기 1만 3,000원으로 260만 원이니 합계는 477만 원이다.

남편과 아내의 역할이 반대인 경우와 비교했을 때, 반기에 87만 원(564만 원-477만 원)이니 연간 174만 원이라는 차이가 발생한다.

상여금 배분 점수표

	A	B	C	단가
과장	280	200	140	1만 5,500원
일반 사원(2그룹)	200	140	100	1만 3,000원

이렇게 계산하면 직책이 높은 쪽이 업무에 집중하고 그렇지 않은 쪽이 가정을 돌보며 지원하는 편이 돈을 더 벌게 된다는 사실이 명백하게 드러난다.

가사나 육아 담당을 월급으로 정하는 방식이 이상하다고 생각할지도 모른다. 물론 그런 생각도 존중하고, 부부끼리 잘 상의해서 결정을 하면 된다. 다만 가족의 총수입을 계산해본 후에 결정해도 늦지 않다.

이구치 스나오 과장과 마이미 부부는 처음에 가사와 육아 분담 문제로 옥신각신했다. 하지만 가족의 총수입을 계산해본 후, 부인이 남편에게 육아는 가능할 때 도우면 되니 열심히 일해서 A 평가를 받으라고 엄명을 내렸다. 이구치 부부의 싸움은 멎었고, 남편은 그 후 부장으로 승진했다.

돈과
부부

부부관계를 돈으로만 결정할 수는 없지만, 돈을 무시하는 것도 현실적이지 않다. 현실을 직시한 후에 부부가 상의하여 최고의 선택을 하길 바란다.

집의 돈 관리는 아내에게 맡긴다

내 임원 연봉은 10억 원이다. 정말 돈을 좋아하는 사람이라고 오해할 수도 있겠지만, 무사시노의 실적을 올리기 위해 돈에 집착하기는 해도 내 개인 자산을 불리는 데는 거의 관심이 없다. 사실 10억 원을 받아도 5억 5,000만 원은 소득세 등으로 제해진다. 임원 연봉을 10억 원대로 책정한 이유는 직원들에게 꿈을 주기 위해서지 내 욕심을 채우기 위해서가 아니다.

개인 자산에 집착하지 않는 나 대신, 우리 집 자산은 누가 관리할까? 바로 아내다. 엄밀하게 말하면 우리 집 자산은 개인 회사가 소유해서 관리한다. 우리 집은 개인 회사에서 빌린 사택이고, 내 양복은 개인 회사에서 제공한 유니폼이다. 그 개인 회사를 지휘하는 사장이 아내이고 나는 그 회사의 직원이다. 돈을 쓰는 법을 결정하는 사람은 사장이고 나는 그저 네네, 하며 따를 뿐이다.

무사시노의 자회사인 '후지 홈서비스' 역시 아내가 사장인데, 그 회사는 엑시브 리조트 클럽 회원권을 가지고 있다. 언젠가 지인 부부와 엑시브 리조트 클럽의 하코네 별궁으로 여행을 갔는데, 호텔 직원이 제일 먼저 아내를 안내했다. 역시 좋은 호텔은 '레이디 퍼스트'에 철저하다고 감탄했다.

하지만 생각해보면 회원권이 아내 회사 소유였다. 호텔 직원이 아내를 우선 안내한 것은 여성이어서가 아니라 사장이었기 때문이다. 그러니 잠자코 아내의 뒤를 따를 수밖에 없었다.

우리 집은 이 권력관계를 지키며 행복하게 지내고 있다. 내가 밖에서 열심히 돈을 벌어오면 집 안의 돈은 아내가 관리한다. 내 용돈만 확보되면 나는 어떤 불만도 제기하지 않는다. 이런 역할 분담이 가정생활을 원만하게 유지하는 비결이다.

생활비로 신용카드 대신 현금을 준다

가계는 아내에게 맡기는 편이 부부관계를 원만하게 유지하는 데 좋다. 하지만 아내에게 낭비벽이 있다면 완전히 방임하는 것은 바람직하지 못하다. 특히 신용카드를 주면 절제하지 못하고 물건을 살 수 있으니 주의하기 바란다.

낭비의 목적은 물건을 손에 넣는 것이 아니라 돈을 쓰는 것이다. 따라서 불필요한 물건이라도 무언가 끌리는 부분이 있다면 산다. 말 그대로 돈 낭비다.

이보다 무서운 것은 쇼핑 중독이다. 쇼핑으로 스트레스를 해소하는 사람은 물건을 버리지 못하는 경우가 많다. 실제로 사용하지 않더라도 쇼핑의 증거로 물건을 쌓아두고 안심한다. 게다가 정리정돈이 되지 않아서 방은 점점 지저분해진다. 그래도 쇼핑을 멈추지 못하다가 머지않아 쇼핑 중독에 빠진다. 아내가 쇼핑 중독에 빠지면 남편은 업무에 집중할 수 없다. 낭비하는 돈 이상의 큰 손해다.

아내의 낭비벽을 방지하기 위해서는 신용카드 대신 현금으로 생활비를 주는 편이 좋다.

우리 가족은 매년 사이판으로 여행을 가고는 했는데, 그때마다 나는 아내에게 100만 원을 현금으로 주었다. 신용카드를 주면 100만 원을 훌쩍 넘기면서 쇼핑을 즐기겠지만, 현금을 주면 신중해져서 70만 원 정도 사용하고 만다. 남은 돈은 용돈으로 써도 좋다고 하면 더욱 돈을 아껴 써서 절반 이상은 남기려고 한다. 역시 현금의 위력은 대단하다.

이미 신용카드를 건넸다면 어떡할까? 돌려달라고 해도 보통은 요술 방망이를 손에서 내놓으려고 하지 않을 것이다.

나라면 1,000만 원으로 신용카드를 사겠다고 제안할 것이다. 아내에게 월 90만 원씩 현금으로 지급하겠다고 하는 것이다. 현금 1,000만 원이라는 이야기를 듣게 되면 그 매력에 저항하지 못한다. 약간 돈을 더 써야 할 수도 있지만, 결국 그렇게 하자고 대답한다. 이 돈으로 아내를 쇼핑 중독에서 구할 수 있다면 절대 아깝지 않다.

자정을 넘어 귀가하면 1시간에 10만 원씩 벌금을 낸다

돈과
부부

나는 결혼한 후부터는 자정을 넘어 귀가한 적이 거의 없다. 아무리 술을 마셔도 밤 11시에는 집에 돌아간다. 아침 일찍 하루를 시작하다 보니 충분히 잠을 자지 않으면 업무에 지장이 생기기 때문이다. 젊은 시절과는 몸 상태가 다르기에 술을 마시는 습관도 당연히 바꿔야 한다.

그런 습관을 알고 장난을 치고 싶은 건지 아니면 주사가 나쁜 탓인지 종종 "사장님 딱 한 잔만 더 합시다"라고 유혹하는 사람이 있다. 이때 나는 "1분 늦으면 10만 원을 내야 하는데, 대신 내주겠나?"라는 말로 거절을 대신한다.

사실 우리 집에는 벌금제도가 있다. 자정을 넘어 귀가하면 10만 원이고, 이후 1시간을 넘길 때마다 10만 원씩 추가된다. 술값을 내겠다던 사람도 남의 집 벌금까지 내주기는 싫은지, 벌금 이야기를 하면 두말없이 포기한다.

이 벌금에는 소비세가 별도여서 소비세분 만큼은 딸에게 지급해야 한다. 언젠가는 자정을 1분 앞두고 간신히 현관에 뛰어들었는데, "엄마가 문을 열어주지 않았으면 5,000원을 벌었을 텐데"라며 딸이 아쉬워했다. 소비세율이 5퍼센트이던 때의 이야기다.

벌금제도와 60회 수첩

과음이 잦은 사장에게는 앞서 언급한 벌금제도를 도입시킨다. 주식회사 미우의 미야시타 사장도 그중 하나다. 한창 경영 개혁에 매진하는 중에 거나하게 술을 마시고 다닌다기에 부인에게 '자정을 넘기면 1분에 10만 원씩 받으세요'라고 엽서를 보냈다. 그렇게 하면 내가 눈을 부릅뜨고 감시하지 않아도 부인이 알아서 감시할 것이다.

한동안 얌전히 지내던 미야시타 사장은 어느 날 새벽 2시가 넘어 귀가했다. 미야시타 사장은 1시간에 10만 원이라고 착각하고 부인에게 20만 원을 건넸다가 거부당했다. 부인은 내가 보낸 엽서를 눈앞에 내밀면서, 1분에 10만 원이니 1,200만 원을 달라고 했다. 미야시타 사장은 단숨에 술이 깼다.

미야시타 사장은 도저히 그 많은 돈을 낼 수 없다고 내게 울며 매달렸다. 하지만 약속은 약속이다. 그리고 울며 매달리는 상대를 잘못 골랐다. 나는 부인에게 제대로 잘못을 빌고 월 20만 원씩, 5년간 60회에 걸쳐 지급하는 방식으로 교섭해보라고 충고했다. 부인은 그 제안을 받아들였고, 돈을 갚는 것을 잊지 않도록 60회 수첩을 만들었다. 그리고 20만 원씩 받을 때마다 유치원생인 딸이 쓰는 개구리 도장을 수첩에 찍어주었다.

회사에 벌금제도를 도입하는 것은 법률상으로 문제가 있지만, 가정에는 벌금제도를 도입해도 전혀 문제가 되지 않는다. 걸핏하면 자정을 넘어 귀가하는 사람은 원만한 부부관계를 위해서 이런 벌금제도를 도입해보면 어떨까?

일정 변경 수수료를 준다

부부싸움이 일어나는 원인 중 하나는 부부끼리 일정 정보가 공유되지 않기 때문이다. 남편은 가족을 위해서 열심히 일하고 있는데, 아내는 남편이 그저 밖에서 놀고 있다고 오해할 수 있다. 남편이 언제 어디에서 무엇을 하는지 아내에게 확실히 알려준다면 그런 오해는 생기지 않는다. 하지만 남편이 제대로 알려주지 않거나, 직전에 알려주면 아내의 입장에서 화나는 것은 당연하다. 전부 남편 잘못이다.

당일에 갑자기 문자로 오늘 늦는다고 이야기해서는 안 된다. 아내를 화나게 하고 싶지 않으면 적어도 1, 2주 전에는 일정을 이야기해야 한다. 그런 배려에 따라 아내의 태도가 달라지는 법이다.

나는 내 일정을 적은 종이를 건네는 대신, 아내에게 직접 말하고 그 자리에서 달력에 적게 한다. 종이만 건네면 아내는 제대로 보지 않는다. 자신이 직접 손을 움직여서 내용을 적어야 기억에 남고, 그래야 오해가 생기지 않는다.

일이 갑자기 생길 때가 많아서 일정을 미리 말하기 어렵다면 돈으로 해결하자. 일정을 변경할 때, 아내에게 변경 수수료를 지급하면 어떨까? 전날에 알리면 1만 원, 당일에 알리면 2만 원으로 변경 수수료를 정해서 지급하면 아내도 불만이 생기지 않을 것이다.

출장 수당을 준다

출장이 잦은 사람은 아내에게도 출장 수당을 주자. 고토부키 제지 주식회사(제지, 사가 소재)의 무토 다이스케 사장은 무사시노에서 경영 컨설팅 세미나를 들으면서부터 도쿄 출장이 잦아졌다. 어떤 세미나는 일주일 가까이 도쿄에 있어야 할 때도 있다. 당시에는 아들이 아직 초등학생이어서 부인은 '육아도 돕지 않는다'며 화를 냈다.

하지만 미리 일정을 공유하고, 부인에게 하루에 3만 원씩 출장 수당 명목으로 돈을 건넸더니, 바로 불만이 그쳤다. 오히려 다음 출장은 언제냐고 묻게 되었다.

무토 사장은 회사에서 출장비로 하루에 25만 원을 받는다. 부인에게 주는 출장 수당은 호텔 등급을 하나 낮추면 마련할 수 있다. 집 안에서 어깨도 못 펴고 있느니 출장지에서 좁은 방에 묵는 편이 훨씬 낫다.

명품 가방보다 돈이 좋다

무사시노의 라스베이거스 연수는 직원들에게 인기가 좋다. 사장상, 우수사원상, 신인상, 2~5그룹 직원(상급 사원부터 본부장까지)과 입사 4년 차 이상 직원은 전원 참가한다. 연수비는 일인당 350만 원 이상 들지만, 직원들의 견문이 넓어지고 성장하는 것을 피부로 느낄 수 있다. 참가 회수가 많은 직원일

수록 성장하는 것이 특장점이다.

라스베이거스 연수에는 경영 컨설팅 회원사 사장들도 매년 참석한다. 주식회사 에히메 종합센터(보험 대행·부동산·수건 제조 판매, 에히메 소재)의 단고 히로부미 사장은 라스베이거스 연수를 떠날 때 부인에게 "당신은 감각이 없으니 선물은 아무것도 사 오지 마"라는 말로 배웅을 받았다. 부인은 남편 혼자 해외 여행을 간다는 사실에 조금 화가 났을지도 모른다.

단고 사장은 라스베이거스에 도착한 첫날 이리저리 끌려다니다가 둘째 날을 맞이했다. 그 당시 상황을 단고 사장은 이렇게 이야기했다.

"고야마 사장님이 '좋아, 여기에 들어가자'며 가방 가게에 들어갔습니다. 모두 따라갔더니 '가와무라 사장님은 이것, 단고 사장님은 이것, 시마 사장님은 이것과 이것을 사세요'라고 말했습니다. 게다가 가방에 넣을 작은 봉투를 주면서 30만 원씩 넣으라고 하니, 어쩔 수 없이 따랐지요. 귀국해서 아내에게 가방을 건넨 후에야 참뜻을 알게 되었습니다. 아내가 가방을 보더니 '좋은 가방이네, 고마워'라고 말하는 것이 아니겠습니까. 선물은 필요 없다더니, 아니었나 봅니다. 그리고 가방에 든 현금 봉투를 보고는 또 다녀와도 괜찮다고 말했습니다. 그 정도의 돈이었나? 현금이 이렇게나 위력을 발휘하나? 생각이 드는 동시에 고야마 사장님의 대단함을 실감했습니다. 이런 일은 직접 경험하지 않으면 평생 알지 못합니다. 여행에서 무엇을 할지 어디에 갈지도 중요하지만, 누구와 가는지가 훨씬 중요하다고 생각한 순간이었습니다."

주식회사 다카다 어시장(수산물 도매시장 운영·생선도매업, 오이타 소재)의 구와바라 다케시 사장은 회장인 부친을 위해 지갑을 사고 그 안에 30만 원을 넣어서 드렸다. 현금이 든 지갑을 받은 부친은 너 같은 아들을 두어서 행복하다며 크게 기뻐했다.

예순다섯 살까지는 내가 직접 라스베이거스 연수를 이끌었지만, 현재는 주식회사 히카리 시스템의 가네미즈 준요 사장이 안내를 맡고 있다. 해외 연수든 개인적인 여행이든 자신이 건강하고, 가족이 건강하고, 회사에 문제가 없어야 가능하다. 삼박자가 모두 갖춰진 시기가 기회이니, 부디 여행을 다녀오기 바란다.

회원사 사장의 부인의 마음을 사로잡은 비결

경영 컨설팅 회원사 사장들과 부부 동반으로 식사를 할 때
가 있다. 처음에는 부인들 대부분이 나와 같이 식사하기를
꺼렸다. 남편의 상사와 식사를 한다고 해도 온몸이 경직될
듯한데, 남편이 선생님이라고 부르는 사람과의 식사는 더욱
불편할 것이다. 하지만 한 번이라도 나와 같이 식사를 하게
되면 오히려 부인 쪽에서 다음은 언제냐고 재촉하게 된다.

어째서 태도가 급변할까? 무언가 선물을 받게 되기 때문
이다.

주식회사 코프로스(건설, 야마구치 소재)의 미야자키 가오루
사장이 '수행원 체험'을 하던 때의 일이다. 우연히도 그날이
미야자키 사장 부부의 결혼기념일이라기에, 우리 부부와 같
이 넷이서 식사를 하기로 했다.

아내는 그날 마침 3겹 다이아몬드 반지를 끼고 있었다. 미
야자키 부부에게는 딸이 셋 있기에 그와 같은 3겹 반지를
부인에게 사드리면 어떻겠냐고, 상속 때도 싸우지 않고 괜
찮겠다고 권했다. 미야자키 사장은 그럴 돈이 없다고 했지

만, 나는 미야자키 사장이 고급 골프채를 사려고 부인 몰래 돈을 꽤 모았다는 사실을 알고 있었다. 비상금을 들킨 미야자키 사장은 결국 다음 날 부인과 함께 백화점에 갔다. 3겹 반지는 800만 원 정도였는데, 사기 직전에 부인이 첫째 며느리 몫까지 해달라고 해서 4겹 반지를 사게 되었다. 예산을 초과하여 1,100만 원짜리 반지를 사게 되었지만, 어차피 반지 값은 미야자키 사장이 지급하니 나야 상관없다.

이처럼 나와 식사하면 선물을 받게 되는 일이 생기다 보니, 부인들은 내게 호감을 느낀다. 제안하는 사람은 나, 비용을 부담하는 사람은 남편, 하지만 어째서인지 부인들은 내게 감사한다.

용돈 1,000만 원의 효과

다른 사람의 아들에게도 선물을 준 적이 있다. 쓰루미 제지 주식회사(제지, 사이타마 소재)의 사토와 에이치 사장의 아들은 양복을 짓는 기술자다. 훈련생으로 시작해서 드디어 직접 양복을 짓게 되었다고 하기에 바로 내 양복을 맞추었다. 스리피스였는데 재킷과 바지는 딱 맞았지만 조끼가 맞지 않아서 우리 집에 와서 치수를 재고 수선하기로 했다.

치수를 재면서 이런저런 이야기를 나누다 보니 양복을 짓는 기술을 배우러 영국에 가게 되었다고 했다. 나는 사토와 사장에게 연락해서 용돈으로 1,000만 원을 준비해서 아들에게 주라고 했다. 사토와 사장은 원래 100만 원을 생각했다가, 그 10배나 되는 금액을 준비하라는 말에 당황했다. 하지만 내가 사토와 사장의 비밀을 많이 알고 있었기에, 내 말을 거스르지 못하고 그만큼을 신권으로 준비해서 띠지로 묶은 채 아들에게 건네주었다. 아들은 그 돈을 받을 때 손이 떨렸다고 한다.

사실 사토와 사장과 아들은 오랫동안 사이가 좋지 않았다. 아들이 양복 짓는 기술자가 되고 싶어 한 것도 부친에게 반발하는 마음이 있었기 때문이다. 하지만 이 일을 계기로 부자 사이가 꽤 나아졌다.

나는 사토와 사장의 아들에게 경영자의 자질이 있다는 생각이 들었다. 본인의 뜻을 관철하는 사람이니 사장직을 수행하기에 적합하다고 여긴 것이다. 이런 내 생각을 사토와 사장의 아들이 잠시 귀국했을 때 전하자 1,000만 원의 은혜 때문인지 예전 같았으면 듣지도 않을 이야기를 얌전히 들어주었다.

아들의 인생이 앞으로 어떻게 될지는 모르지만, 만일 사토와 사장의 뒤를 이을 마음이 생긴다면 분명 그 1,000만 원이 계기가 되었을 것이다.

선물은 가족 사이에서도 윤활유로서 기능한다. 가족끼리 선물을 주고받는 것은 '플러스, 마이너스, 제로'이니 쓸데없다고 생각한다면 이는 잘못이다. 계산상으로 '플러스, 마이너스, 제로'라고 해도 주고받는 동안 감사하는 마음이 전해지고 가족의 애정이 깊어진다.

가정이 행복하면 사람은 걱정 없이 업무에 집중할 수 있다. 결과적으로 가족에게 경제적인 혜택을 가져오게 된다.

돈과 육아

수행원 체험을 다시 시작한 이유

이제 돈과 육아에 관해 이야기해보자. 딸의 장래를 위해 우리 집은 굉장히 비싼 피아노를 2대째 사게 되었다. 당연히 가계에 큰 부담이 되기 때문에, 새로운 돈벌이를 만들지 않으면 아내에게 쫓겨날 판이었다. 어떻게 할까 고민하던 중에 경영 컨설팅 회원사의 어느 사장으로부터 '수행원 체험'을 재개해달라는 요청을 받았다.

　오랫동안 수행원 체험을 운영했었는데, 솔직히 수행을 받는 나도 기력이나 체력이 상당히 소모되다 보니 힘들어서 중단했다. 하지만 당면한 큰일을 해결하기 위해서는 그런 것을 신경 쓸 수 없다.

예전에는 세금을 포함하여 1,575만 원이었던 수행원 체험 6일 과정을 같은 금액에 5일 과정으로 재개했다. 그랬더니 이전보다 훨씬 인기가 높아져서 지금은 3일 과정에 1,080만 원인데도 1년이 넘게 예약이 꽉 차 있다.

중단했던 수행원 체험을 다시 시작하게 된 배경에는 이런 개인 사정이 있다. 이 책에서 처음으로 밝히는 이야기일지도 모르겠다.

돈에 감사하는 마음을 가지게 한다

우리 딸에게는 어렸을 때부터 집안일을 시키고 '돈은 땀 흘린 대가'로 받아들이도록 가르쳤다.

한동안 무사시노 직원 20명에게 매일 내게 음성메시지를 남기는 과제를 낸 적이 있다. 그 음성메시지가 왔는지 확인하는 것이 당시 초등학생이었던 딸의 '업무'였다. 딸은 한 사람이 음성메시지를 보내면 표에 동그라미를 치고, 동그라미 하나에 10원씩 받았다. 모두 음성메시지를 보내면 하루에 200원을 벌게 된다. 가끔 보내지 않는 직원이 있으면, 딸은 회사 전 직원에게 음성메시지를 남겼다.

"○○님이 아직 음성메시지를 보내지 않았습니다. 제가 받을 용돈이 줄어드니 빨리 음성메시지를 보내주세요."

내가 여름방학 숙제를 도와줄 때는 반대로 딸에게 돈을 받았다. 하루를 도우면 100원이었다. 딸은 망설이다가 마지못해 내 도움을 받았다. 학기가 시작되고 친구로부터 부모님이 숙제를 많이 도와줬다는 이야기를 듣고, 딸은 '다들 굉장한 부자구나, 아버지에게 이만큼의 숙제 값을 내다니……'라고 생각했다고 한다. 딸은 다른 집에서도 부모님이 돈을 받고 숙제를 도와준다고 오해했다.

아무리 졸라도 공짜로 돈을 주는 적은 없다. 고등학생이 된 딸이 크리스마스에 사고 싶은 것이 있다며 10만 원을 빌려달라고 했다. 나는 지갑에서 10만 원을 꺼내 하얀 종이와 함께 주었다.

"차용증은 확실하게 써야지. 설에 세뱃돈을 타면 갚아."

딸은 내게 구두쇠라고 말하고는 두 번 다시 돈을 빌리지 않았다. 무이자로 빌려주려 했는데 구두쇠라니 너무하다.

이처럼 돈에 관해서는 딸이 어렸을 때부터 줄곧 어른처럼 대했다. 그만큼 다른 집보다 엄격해서 딸은 사회와 돈의 규칙을 잘 이해하고 있다.

'부모님 회사 견학의 날'의 의미

용돈을 노동의 대가로 주는 방식에 대해 그렇게까지 해야 하는지 의문이 드는 가정도 있을 것이다. 물론 각 가정에서 판단할 일이다. 하지만 적어도 돈이 하늘에서 떨어진다고 아이들이 착각하도록 가르쳐서는 안 된다.

예전에 일본은 농가나 가게 등 개인 사업주들이 많아서 아이들은 부모님이 땀 흘리며 일하는 모습을 보며 자랐다. 가업을 돕는 일이 특별하지 않았고, 아이들 대부분이 직접 체험하며 노동을 이해했다.

부모님이 직장인이라 해도, 월급날이 되면 월급봉투를 들고 집에 돌아오는 덕에 부모님이 피땀 흘려 번 돈으로 가족이 생활할 수 있다는 사실을 짐작하고 이해했다. 하지만 월급을 현금으로 직접 받는 대신 은행으로 입금받으면서 아이들은 부모님이 일하고 돈을 벌어오는 것이 아니라, 은행의 ATM에서 돈을 꺼내온다고 착각하게 되었다. 이렇게 착각하도록 그대로 놔두면 하늘을 쳐다보며 돈이 떨어지기를 기다리는 인간이 되기 쉽다.

그래서 무사시노에서는 여름방학 동안 세 번에 걸쳐 '부모님 회사 견학의 날'을 개최한다. 매회 참가 정원을 넘기며 성황하고 있고, 매년 참가하는 아이들도 있다. '부모님 회사 견학의 날'에 참석하면, 부모에게는 10만 원의 수당을 지급한다.

'부모님 회사 견학의 날'에는 내가 아이들에게 아버지나 어머니가 회사에서 하는 업무를 간단하게 설명한다. 그리고 아이들에게 실제로 정리정돈을 시키거나 걸레를 교환하게 하고, 그 대가로 과자를 준다. 아이들은 아버지와 어머니가 이렇게 일하기에 자신들이 생활할 수 있다는 사실을 배우게 된다.

마지막으로는 아버지와 어머니에게 편지를 쓰게 하는데 모두 착하게도 '항상 감사합니다'라고 쓴다. 부모들의 눈에는

돈과
육아

그렁그렁 눈물이 맺힌다.

노동과 돈에 대해서 이론적으로 가르치는 것도 중요하지만, 부모가 일하는 모습을 직접 보여주고 실제로 아이들에게 노동을 체험하게 해주는 편이 훨씬 교육 효과가 크다. 앞으로도 가능한 한 회사가 그런 기회를 만들어주고 싶다.

일하는 재미를 알게 된 주차 유도 아르바이트

내가 일하는 재미를 배우게 된 것은 중학생 때다. 중학생은 아르바이트를 할 수 없는 시절이었지만, 근처에 있는 드라이브인(고속도로 휴게소와 같은 시설)에서 친구와 둘이 주차요원으로 일하게 되었다. 당시 일본은 고속도로가 발달하지 않아서 도로에 붙어있는 드라이브인이 대성황이었다. 주차장에 차를 세우려고 줄이 늘어설 정도이다 보니, 그 일을 처리하기 위해 중학생인 우리를 고용했다.

우리 둘은 꽤 일을 잘했다. 보통은 들어오는 차를 순서대로 주차하게 한다. 하지만 우리는 주차장을 4개 구역으로 나누어, 가게를 이용하는 시간이 15분 이내라면 이쪽, 16~30분이라면 저쪽이라고 유도했다. 가게 이용 시간은 어디까지나 우리의 추측이었지만, 인원수나 나이로 대강 예상할 수 있었다. 이렇게 정돈하면 빈 곳 없이 차를 세울 수 있고, 더 많은 손님을 받을 수 있었다.

우리는 드라이브인 매출에 공헌했다고 생각해서 시급을 인상해달라고 했다가 해고당했다. 하지만 주차요원이 바뀌면서 주차 처리가 제대로 되지 않아 매출이 격감하고 고객 불만도 대거 발생했다. 그러자 다시 일하지 않겠냐고 연락이 왔다. 건방진 중학생이라도 성과를 내면 귀한 대접을 받는다.

'빈 병 회수 담당 임명장'으로 정학을 피하다

고등학생 때부터는 사업가 흉내를 냈다. 당시에는 유리병이 귀해서 빈 병을 가게에 가져가면 50원을 받을 수 있었다.

우연히 교실을 둘러보다가 버려둔 빈 우유병을 보았다. 이것을 주워서 가게에 가져가면 들이는 비용 없이 돈을 벌 수 있겠다는 생각이 들었다. 그래서 선생님께 "교실 청소를 하겠습니다. 다른 교실까지 정리할 테니 빈 병 회수 담당자로 임명해준다는 임명장을 써 주세요"라고 부탁드렸다.

그날부터 매일 아침 일찍 와서 39개 교실을 전부 돌아다녔다. 교실마다 우유병을 하나씩은 주울 수 있어서, 매일 20개 정도를 바꿔서 1,000원 남짓한 돈을 벌었다. 50년도 더 된 일이니 당시의 1,000원은 꽤 가치가 있었다.

하지만 유감스럽게도 3개월 후에 내가 빈 병을 팔아 돈을 번다고 선생님께 고자질한 사람이 있어서 계속하지는 못했다. 아르바이트 금지였기에 정학을 받을 뻔했지만, 생활지도부 선생님께 받아둔 임명장 덕에 징계는 받지 않고 마무리되었다. 예전부터 위기 회피 능력은 높았던 듯하다.

자녀의 성적이 나쁜 이유는 부모가 돈을 아끼기 때문이다

자신이 공부를 못했으니 아이의 머리가 나쁜 것은 어쩔 수 없다며 포기하는 부모가 있다면 그야말로 정말 머리가 나쁘다.

자녀의 성적이 나쁘다면 이는 전부 부모의 책임이다. 하지만 유전의 문제가 아니다. 자녀의 성적이 오르지 않는 이유는 부모가 자녀 교육에 돈을 쓰지 않기 때문이다. 유전자가 나빠서가 아니라 부모가 구두쇠이기 때문이다.

　초등학교 시절 내 성적은 '1' 또는 '2'가 전부였다. 5단계 평가 점수 기준으로 낮은 쪽이다. 딸 역시 국어 성적이 '2'였다. 그래서 근방에서 가장 실력이 좋다는 과외 선생님을 통상 과외비의 2배를 주고 고용했다. 그 과외 선생님은 확실히 대단해서 학교에서 필기하는 법까지 가르쳤다. 그 결과 딸의 국어 실력은 쭉쭉 올라 '2'를 벗어났다. 역시 돈을 써서 우수한 과외 선생님을 고용하면 성적은 오른다.

　딸에게 국어 과외만 시켰을 뿐인데, 얼마 지나지 않아 다른 과목 성적도 오르기 시작했다. 공부하면 본인도 할 수 있다고 자신감이 생겼기 때문인지, 아니면 국어가 모든 공부의 기본이 되는 과목이라 그랬는지는 모르겠다. 하지만 공부 역시 '넓고 얕게' 보다 '좁고 깊게'가 효과적인 듯하다.

자녀가 23세가 될 때까지는 교육에 돈을 써야 한다

나는 아이들에게 아르바이트를 경험하게 하는 것이 좋다고 생각한다. 우선은 지시받은 대로 일하면서 노동과 돈의 관계를 파악할 수 있다. 그리고 그다음에는 어떻게 하면 좀 더 돈을 벌 수 있을지, 어떻게 하면 현재 업무에서 다른 것을 배울 수 있을지, 스스로 생각하고 배워나가게 된다. 아이들은 그렇게 해서 돈을 버는 법, 살아가는 법을 배운다.

자녀의 장래를 위해서 저축을 하는 부모도 있을지 모른다. 자녀의 장래를 걱정하는 부모 마음은 잘 알지만, 돈을 쓰는 방식이 잘못되었다. 저축을 남긴들 아이가 제대로 배우지 못했다면 헛돈만 쓰는 일이 된다. 돈은 금세 바닥을 드러낼 것이다.

자녀의 장래를 진심으로 걱정한다면 23세까지는 교육에 아낌없이 돈을 쓰기 바란다. 눈에 보이는 것이 아니라 눈에 보이지 않는 지식을 습득하고 경험을 쌓을 수 있도록 부모가 비용을 대주어야 한다.

'일류'와 '진짜'를 경험하게 한다

자녀 교육을 위해 구체적으로 어디에 돈을 쓰면 좋을까?

공부에 대한 것은 학원에 보내거나 과외를 시키면 된다. 그리고 '일류'와 '진짜'를 경험하게 하는 것도 훌륭한 교육이다.

나는 딸에게 플라스틱 장난감을 사준 적이 없다. 장난감은 전부 목재다. 손으로 물건을 만져서 세상을 배워가는 유·아동 시기에는 목재를 만지는 편이 감성 발달에 좋다.

딸이 피아노를 배운 후부터는 콘서트에 자주 데리고 다녔다. 4만 원이면 살 수 있는 뒷좌석이 아니라, 35만 원이 넘는 좋은 좌석에서 음악을 듣게 했다. 콘서트홀의 구조상 좋은 좌석에 앉아야 가장 아름다운 연주를 들을 수 있다. 음감은 천부적인 재능이라고 생각하지만, 어린 시절부터 좋은 음악을 듣지 않으면 재능은 꽃피지 않는다.

딸이 고등학교 2학년 때까지는 매년 고야마 경영연구회의 해외 시찰에 데리고 다녔다. 기업 방문에는 동행하지 않았지만 다른 활동은 전부 같이했다.

일본에서는 끝없이 이어지는 풍경이라 한들 몇 시간 정도

돈과
육아

나. 하지만 노르웨이에서 가장 긴 협만인 송네 피오르는 그 길이가 200킬로미터가 넘는다. 수심이 가장 깊은 곳은 1,308미터고 1,000미터를 넘는 절벽이 양쪽으로 이어지는, 변화무쌍한 지형이다. 나는 배에서, 그리고 헬리콥터에서 그 풍경을 만끽했다. 그 엄청난 규모는 직접 보지 않으면 가늠할 수 없다.

또 여행에는 언제나 사고가 발생한다. 하지만 어떤 문제가 생겨도 어떻게든 해결하는 나를 보며 딸은 포기하지 않고 노력하면 길을 찾게 된다는 것을 배워서 그렇게 살고 있다.

그런 딸도 고등학생이 되더니, 용돈 30만 원에 하루 식대를 3만 원씩 준대도 따라오지 않으려 했다. 외식도 하지 않고 본인이 직접 음식을 해 먹어서, 집에 돌아와 보면 냉장고가 텅텅 비어 있었다.

돈이나 물건은 사용하면 없어지지만, 지식이나 경험은 사용해도 사라지지 않는다. 오히려 쓰면 쓸수록 살아있는 지식이 되고 경험은 더욱 쌓인다. 지식이나 경험은 그것들을 활용함으로써 평생 먹고살 수 있는 최강의 재산이다. 자녀의 지식과 경험을 늘리기 위해서 돈을 쏟아붓는 것이 바로 부모의 사랑이다.

슈퍼마켓에서 빠르게 계산하는 능력을 기르게 한다

딸에게는 가능한 한 좋은 음식만 먹인다. 하지만 맛있는 음식만 먹으면 비교가 되지 않으니 가끔 맛이 없는 음식도 먹인다. 양극단의 경험을 하게 해서 혀를 단련시켜주려 한다.

맛있는 음식을 먹일 뿐 아니라 식자재에 관해서도 가르친다. 채소 가게에 함께 가면 어느 것이 수경 재배를 한 오이이고 어느 것이 노지 재배를 한 오이인지 맞히게 한다. 수경 재배를 한 오이는 통에 넣고 키워서 모양이 가지런하다. 반면 땅에서 키운 오이는 구부러져 겉모양은 별로지만 실제로는 속이 꽉 차서 맛있다. 어떤 것이 좋은 재료인지 눈으로 보고 구분할 수 있게 되면 직접 맛있는 요리도 만들 수 있다.

슈퍼마켓 계산대에서 차례를 기다리며 서 있는 동안, 딸은 지불할 금액을 계산한다. 끝자리 단위까지 정확할 필요는 없다. 대략 얼마를 준비해두면 빨리 계산을 마칠 수 있는지 정도만 계산하면 된다. 계산이 빠르면 사회생활이나 일상생활에서 유용한데, 학교에서는 가르쳐주지 않기 때문에 이렇게 훈련을 시킨다.

돈과
육아

CHAPTER 5

생활이 풍족해지도록
현명하게 돈을 쓰는 법

돈과 집

아파트보다 주택을 산다

땅값이 싼 교외에 넓은 땅을 사서 호화로운 집을 지을까? 아
니면 땅값이 비싼 도심에 땅을 사서 평범한 집을 지을까?

사장이 같은 돈으로 집을 짓는다면 어느 쪽이 정답일까?

답은 후자다. 땅값이 비싼 땅을 사는 것이 맞다. 물론 적정
가격으로 말이다.

왜일까? 자산가치가 있는 땅을 가지고 있고 회사의 상태
가 좋다면 은행의 신용도가 올라가기 때문이다. 회사가 대출
을 받을 때, 사장이 개인적으로 보증을 서지는 않는다. 그런

의미에서 반드시 사장이 담보로 삼을 만한 물건을 가져야 할 필요는 없다. 하지만 그래도 자산이 많은 사장과 그렇지 못한 사장이 있다면 은행은 자산이 많은 사장의 신용도를 높이 평가한다.

자산이라고 해도 감가상각을 하는 건물은 큰 가치가 없다. 은행이 보는 자산은 '대지'다. 따라서 아파트보다는 주택을 사는 편이 낫다.

같은 가격이라면 교외의 넓은 땅과 도심의 좁은 땅 중 어느 쪽이 나을까? 은행이 높게 평가하는 자산은 도심의 땅이다. 도심의 땅은 수요가 꾸준해 가격이 잘 내려가지 않고 현금화하기 쉽다. 산속에 있는 땅은 아무리 넓어도 아무도 원하지 않는다. 기본적으로 역에서 5분 거리 이내의 땅이어야 한다.

회사와 개인의 신용도를 모두 높이는 주택 구매

주식회사 오세이 환경 상사(금속 리사이클, 오사카 소재)의 한 기츄 사장은 자칫 잘못된 판단을 할 뻔한 상황이었다. 한 사장은 원래 효고 니시노미야에 있는 아파트 9층에서 다섯 식구가 살고 있었다. 그런데 지진이 무섭다는 부인의 호소에 오사카에 주택을 구하기로 했다.

처음에 찾은 물건은 오사카 텐노지 근처에 있는 주택이었다. 땅값이 5억 원, 건물이 5억 원으로 총 10억 원짜리였다. 텐노지는 도회지여서 땅값이 싸지 않았다.

오세이 환경 상사는 급성장 중이어서 앞으로도 자금 조달이 필요했다. 회사 규모를 고려했을 때, 더 비싼 곳에 살면서 은행의 평가를 좋게 하는 편이 낫다. 그래서 매출 1,000억 원에 달하는 회사를 운영하는 사장이라면 좀 더 좋은 곳에 살라며 다른 물건을 찾아보기를 권했다.

한 사장이 최종적으로 구매한 주택은 오사카성 근처 모리노미야에 있는 땅값이 10억 원, 건물이 13억 원으로 총 23억 원의 주택이었다. 주택자금이 단숨에 2.3배가 되었지만, 회사 실적도 호조였기에 주거래 은행에서 문제없이 대출을 받을 수 있었다. 비싼 땅을 샀기에 이번에는 반대로 한 사장의 신용도가 높아져서 회사도 자금 조달이 쉬워졌다. 동반 상승효과로 개인도 회사도 신용도가 상승했다.

도심의 큰 집을 사면 벅차기만 할 뿐 쓸데없는 돈을 쓰는 것은 아닌지 걱정하는 사장은 회사를 우선으로 생각하지 않는 무책임한 사람이다. 집을 사는 것은 자신이 사치하기 위해서가 아니라 은행으로부터 신용도를 높여서 회사를 지키기 위해서다. 자칫 오해해서는 안 된다.

여자의 집념은 대단하다

이렇게 말하는 나는 어떤 곳에 살고 있을까?

　나는 줄곧 JR 중앙선 오기쿠보역 근처에 살고 있다. 무사시노 본사가 있는 히가시코가네이역과 가부키초가 있는 신주쿠역의 중간쯤으로 어느 쪽도 '출근'하기 편하다. 처음에는 스기나미공회당 근처에 있는 아파트에서 살았다. 아내가 마당이 딸린 집에서 살고 싶다고 하기에, 지도상으로 스기나미공회당을 중심으로 반경 200미터의 원을 그리고 이 범위 안에서 좋은 물건이 나온다면 사자고 했다. 내가 아는 한 이 지역은 인기가 많아서 팔려고 내놓는 물건이 거의 없었다.

하지만 여자의 집념은 대단했다. 아내는 당시 임신 중이었는데 운동 겸해서 근처를 돌아다니며 집을 하나하나 살펴보다가 결국 조건에 맞는 집을 발견했다.

적금 500만 원으로 14억 4,500만 원을 대출한 비결

아내가 발견한 집은 거품 경제 시절에 건설사 사장이 지은 자택으로 천장이 높고 구조가 훌륭했다. 대지는 25평으로 10억 원, 건물을 포함한 전체 가격은 14억 5,000만 원이었다. 거품 경제 시절에는 20억 원이었으니 굉장한 이득이다.

다만 문제가 하나 있었다. 내게 500만 원밖에 없었던 것이다. 나는 개인적으로도 돈은 쌓아두는 것이 아니라 쓰는 것이라는 신조를 실천하고 있었다.

내가 마흔네 살에 결혼했을 때 연봉이 2억 2,000만 원이었는데, 은행 계좌 잔고는 330원뿐이었다. 결혼 후에 조금씩 저축을 했지만, 그때는 겨우 500만 원밖에 모으지 못한 상태였다.

은행에 가서 적금 500만 원으로 나머지 14억 4,500만 원을 대출해달라고 했더니 문전박대를 당했다. 은행으로서는 당연하다. 하지만 나는 포기하지 않고 본점의 대출 심사관을 소개해달라고 부탁했다.

내 절실함이 통했는지, 얼마 후에 지점장이 나와서 무사시노의 이사회 회의록을 첨부해달라고 했다. 고야마 노보루라는 개인의 낮은 신용도를 무사시노라는 회사의 신용도로 보충할 수 있는지 여부를 검토하겠다고 했다.

그리고 돈을 버는 능력을 평가해주었는지, 결국 심사를 통과하고 대출을 받아서 무사히 아내와의 약속을 지켰다. 보통 은행원이라면 하지 못했을 결단을 내린 그 지점장 역시 대단한 사람이었다. 그는 그 후 상무까지 승진했다.

빠듯한 상황에서 집을 사다

간신히 손에 넣은 집이지만 십수 년이 지난 어느 날, 아내가 좀 더 넓은 집에 살고 싶다고 했다. 술을 마시고 기분이 좋아졌던 나는 5년 내에 2배로 큰 집을 사주겠다고 호언장담했다. 아내는 기회를 놓치지 않고 종이와 내 인감을 가져와서 지금 말한 내용을 쓰고 서명하라고 했다. 사실 잘 기억나지는 않는데, 아내가 나중에 "집은 어떻게 되고 있어?"라고 물으며 그 종이를 보여주었으니, 내가 정말 도장을 찍었던 듯하다.

그날로부터 3년 후 지금의 집으로 이사했다. 약속대로 2배로 큰 집이었다.

사실 그때는 나 개인도, 회사도 돈이 없었다. 회사에 돈이 있으면 사장 개인에게 돈을 빌려줄 수 있지만, 그렇게 하기도 어려웠다. 다행히 예전에 살던 집이 바로 팔리면서 새집을 사긴 했지만, 정말 아슬아슬했다.

당시 무사시노는 45기 회계연도로 회사 창립 이래 현금이 가장 부족하던 해였다. 이제 와 하는 이야기지만 집을 샀던 때 두 번 모두 회사도 나 개인도 돈이 없어서 무슨 일이 터지면 회사가 도산할 수 있을 정도로 막판에 몰린 상황이었다.

사장은 회사를 위해서 좋은 집에 살아야 하지만, 구매 시기는 따져봐야 할 듯하다.

주택 구매 지원금의 지급 기준

지금까지 사장이 어떻게 집을 사야 하는지 설명했다. 그러면 직원은 언제 어떻게 집을 사야 할까?

무사시노에는 10년 이상 근속한 과장급 이상 직원을 대상으로 한 주택구매지원제도가 있다. 지원금은 직급과 평가 점수에 따라 다르다. 예를 들어 과장이 C 평가 이하라면 300만 원, A 평가 이상이라면 500만 원을 지급한다. 따라서 좋은 평가를 받았을 때 집을 사야 더 많은 지원금을 받을 수 있기 때문에 마음에 드는 집을 발견하면 모두 성과를 내기 위해 필사적으로 노력한다. 이것도 돈으로 유혹하는 방식이다.

주택구매지원제도를 갖춘 회사는 많지만, 대부분은 자금

주택 구매 지원금

	A 이상	B	C 이하
임원	1,000만 원	800만 원	600만 원
5~6그룹(본부장)	800만 원	600만 원	500만 원
4그룹(부장)	600만 원	500만 원	400만 원
3그룹(과장)	500만 원	400만 원	300만 원

대출이다. 대출도 괜찮은 지원방식이지만, 변제가 끝나기 전에 사정이 생겨 퇴사하게 되면 상환 문제로 추잡한 싸움이 벌어지기 쉽다. 반드시 회사를 그만둬야 할 때는 회사로서도 직원을 기분 좋게 보내주고 싶다. 옥신각신하다 나쁜 기억으로 남을 정도라면 대출보다 지원금을 지급하는 편이 정신적으로 낫다.

대신 주택 구매 지원금을 받으려면 조건을 충족해야 한다. 집을 사기 전에 회사에 신고하고, 나 또는 내 아내의 심사를 받아야 한다. 아내의 취미는 신문에 끼어 오는 부동산 전단지를 보는 것이다. 우리 집에서 가까운 곳에 매물이 나오면 직접 가서 보고 '이 물건은 가격이 적당해', '이 집은 너무 비싸'라고 이야기해준다.

우리 부부가 생각하는 조건에 맞지 않는 매물에는 지원금을 주지 않는다. 특히 반드시 확인하는 조건은 통근 시간이다. 통근 시간이 길면 그만큼 체력을 소모해서 업무 성과가 떨어진다. 통근에 1시간 이상 걸린다면, 아무리 좋은 집이라도 무조건 탈락이다.

아르바이트생도 주택자금 대출을 받을 수 있다

주택 구매 지원금을 받기 위한 사내 심사를 통과한 후 부동산업자와 교섭하게 되면, 그때 우리 부부가 개입하기도 한다. 구키노 아쓰노리 부장이 집을 살 때는 집값을 3,500만 원 깎는 데 성공했다. 1,000만 원 전후로 깎는 경우는 수없이 많다. 2018년 10월에 소가 부부가 집을 살 때는 3,900만 원이나 깎아서 신기록을 세웠다.

집값을 깎는 비법은 은행에서 먼저 대출 승인을 받는 것이다. 업자와 교섭하러 가기 전에 은행 지점장을 만나서 "우리 직원이 이런 집을 사려고 하는데 잘 부탁드립니다"라고 이야기를 해둔다.

무사시노에서 일하던 아르바이트생이 3억 5,000만 원의 집을 사려고 주택자금 대출을 받은 적도 있다. 은행은 무사시노의 상황을 잘 파악하고 있어서 무사시노 직원이라면 돈을 빌려줘도 제대로 갚으리라는 사실을 안다. 정사원이라면 대출을 받는 데 전혀 문제가 없다.

부동산업자는 지급 능력에 문제가 없는 고객을 우선하기

때문에 교섭할 때도 이쪽이 주도권을 가진다. 최근에는 내가 바빠서 아내에게 교섭을 맡겨둘 때가 많은데 그래도 1,000만 원 정도는 가격을 낮추는 데 성공한다.

지원금까지 합쳐서 1,500만 원 이상은 이득을 보기에 많은 직원이 이 제도를 이용한다. 회사로서도 직원들이 회사 근처에 살면서 활기찬 상태로 출근하게 되니 만만세다.

방향에 대한 징크스

무사시노는 도쿄에 몇몇 거점을 두고 있다. 각 거점은 정문 입구가 서쪽이나 북쪽을 향한다는 공통점이 있다. 본사는 물론이고, 미라이나타워의 세미나실도 JR 신주쿠역 개찰구에서 동쪽으로 나가서 들어간다. 전부는 아니지만 다른 영업소나 세미나실도 대개 그러하다. 풍수지리에 집착하는 것이 아니라, 내 경험에서 비롯된 징크스 때문이다.

1993년, 히가시나카노에 거점을 둔 적이 있었다. 임대한 사무실은 신축 건물 4층으로 정문 입구는 남향에 반지하였다.

그런데 이 사무실에서는 무슨 일을 해도 잘 풀리지 않았다. 근처 주민과 가벼운 대화를 나누다가 그 땅에 있던 건물이 화재로 전소되어 건물을 새로 지었다는 이야기를 듣게 되었다. 그제야 왜 사업이 잘되지 않는지 까닭을 이해했다. 불탄 곳에 건물을 짓고, 그 건물에 터를 잡았으니 무사시노도 불타는 수레(빈곤해진다는 뜻－옮긴이)가 되었다. 바로 사무실을 이전하고 그때부터 입구가 서쪽이나 북쪽을 향한 사무실만 임대하고 있다.

방향에 대한 내 징크스는 또 있다. 회의실에서 나는 북쪽을 등지고 앉는다. 나도 경험을 쌓기 전에는 잘못된 판단을 내리고 자주 실패했다. 돌아보면 잘못된 판단을 할 때마다 사장실에서 북쪽이나 서쪽이 아닌 자리에 앉았었다. 그 사실을 깨닫고 나서는 의식해서 북쪽이나 서쪽을 등지고 앉는다.

사실은 본사에 있는 큰 제단도 북쪽을 등지고 설치했다. 무사시노의 48기 회계연도 당시, 경영 컨설팅 사업 매출이 큰 폭으로 떨어진 적이 있었다. 마침 그때 구보데라 주식회사(제단 전문점, 도쿄 소재)의 구보데라 노부히로 사장이 영업하러 왔기에 기존의 작은 제단을 가장 큰 것으로 바꿨다. 신 역시 잘못된 판단을 하면 곤란하니 북쪽을 등지고 제단을 설치하게 했다. 그러자 경영 컨설팅 사업이 V자를 그리며 회복했다.

이런 징크스는 내 과거 경험에서 비롯된 것으로, 왜 그렇게 되는지 물어도 설명하기는 어렵다. 따라서 다른 사람에게 권할 이유도 없다. 다만 논리적으로 설명하지 못하더라도 실제로 좋은 결과가 생긴다면 실천할 가치가 있다. 무사시노가 엄청난 적자를 기록하기 전까지는 '정문 입구는 서쪽이나 북쪽을 향하도록, 제단은 북쪽을 등지고' 설치하도록 고집할 생각이다.

돈과 예의

결혼식의 필요성

최근에는 결혼식을 하지 않거나, 한다고 해도 두 사람만 조용히 식을 올리는 부부가 늘었다. 결혼식을 하려면 수천만 원의 돈이 들다 보니, 그럴 돈이 있다면 신혼여행을 더 좋은 곳으로 가고 싶다는 부부도 많다.

나는 절대 반대다.

무사시노의 부사장급 임원이 결혼할 때, 남쪽 섬나라에 가서 두 사람끼리 결혼식을 올리겠다고 이야기하기에 "남쪽 섬에서 식을 올리는 거야 자네 자유니 마음대로 해도 되지만,

그 전에 사표를 내도록 해"라고 답했다. 내 사나운 얼굴에 놀란 임원은 국내에서 결혼식을 올렸다. 내 말의 의미를 이해했는지는 모르겠지만 나는 그들 부부에게 좋은 일을 했다고 생각한다.

어째서 결혼식을 하는 편이 좋을까?

가장 큰 이유는 자녀 때문이다. 훗날 두 사람의 아이가 자라서 부모님 결혼식 사진이 없다는 사실을 알게 되면 어떻게 생각할까? 우리 부모님은 주변 사람들로부터 축복받지 못한 결혼을 했다고 오해하고 슬퍼할지도 모른다. 실제로는 주변에서 축복을 받았다고 해도 상관없다. 자녀가 오해하지 않도록 하는 것이 최우선이다. 자녀의 마음을 충족시키기 위해서 반드시 식을 올리고 사진을 찍어두어야 한다.

결혼식을 한 부부 역시 이혼하기도 하지만, 내 경험상 결혼식을 한 부부가 압도적으로 이혼율이 낮다. 결혼식은 사실 누구를 초대할지, 예산은 얼마로 할지, 음식이나 답례품은 어떻게 할지 등을 정해야 하는 귀찮은 행사다. 그래서 최근 외면당하는 추세이지만, 귀찮은 행사이기 때문에 더 해야 하는 의미가 있다.

꼭 결혼식뿐만이 아니더라도 귀찮은 일을 함께 준비하고, 무사히 치러내면 부부 사이의 연이 깊어진다. 결혼식 준비는 결혼 생활을 시작하면서 가장 먼저 맞닥뜨리게 되는 귀찮은 일이다. 이 귀찮은 행사를 무사히 치러낸 부부는 그렇지 않은 두 사람보다 훨씬 빨리 '진짜 부부'가 된다.

무사시노에는 사내에서 만나 결혼한 부부가 많은데 그들 중에서 최근 10년간 이혼한 부부는 한 쌍뿐이다. 그 부부는 내게 말하지 않고 혼인신고를 하고, 식도 올리지 않았다. 심지어 결혼했다고 알리지도 않았다.

딱히 돈을 들여서 화려한 결혼식을 올릴 필요는 없다. 하지만 너무 간략하게 해서도 안 된다. 양가 친지들을 모시고 피로연과 같이 번거로운 행사도 해야 한다. 가족끼리만 모여 소박하게 식을 올리고 싶다면 그래도 상관없다. 다만 그 경우에도 결혼식과는 별도로 회사 동료들을 불러서 피로연을 여는 편이 좋다. 장기적인 안목으로 보면 그것이 가정을 원만하게 유지하는 길로 이어진다.

신혼여행은 하와이보다 라스베이거스로 간다

나는 무사시노에서 만나 결혼하는 부부에게 신혼여행지도 충고한다. 하와이 같은 남쪽 섬이 인기지만, 가능하면 그런 곳은 피하는 편이 좋다. 남쪽 섬은 여유롭게 즐길 수 있지만, 사람은 시간에 여유가 있으면 사소한 일에 눈이 가게 된다. 그 결과 별것 아닌 언행에 신경을 쓰고 싸움으로 발전한다.

추천하는 여행지는 라스베이거스다. 라스베이거스에는 카지노가 있고, 술집이 있고, 쇼가 있다. 걷고 또 걷고, 걷다가 지치더라도 즐거우니까 또 걷는다. 볼거리도, 놀거리도 아주 많아서 방에 돌아오면 뻗기 일쑤다. 피곤해서 싸울 힘도 없으니 좋은 추억만 남는다.

부모가 기뻐하는 것은 돈보다 한잔 술이다

사랑은 돈으로 표현해야 전해진다는 것이 이 책의 주제지만, 마음을 돈으로 표현하려 해도 효과가 없는 상대가 있다. 바로 부모님이다.

무사시노는 사회에 첫발을 내디딘 신입사원에게 효도 수당을 지급한다. 입사하고 나서 첫 번째 골드 위크(일본의 공휴일이 몰려있는 5월 첫 주 - 옮긴이)에 부모님을 찾아가 감사 인사를 드리라고 교통비를 지원하는 제도다.

가고시마 출신 하마모토 미오가 입사해서 첫 골드 위크에 고향에 갈 때 왕복교통비가 77만 원이 들었다. 그 돈을 회사가 지원해준다는 사실에 부모님이 굉장히 놀라셨다고 한다.

신입사원에게는 효도 매뉴얼도 제공한다. 효도수당제도를 이용하는 신입사원들은 부모님에게 무엇을 선물하면 좋겠냐고 묻는데 부모는 자식들에게 선물을 받고 싶어 하지 않는다. 부모가 바라는 것은 돈이나 물건이 아니다. 자식의 얼굴을 보고, 함께 밥을 먹고, 대화를 나누는 것으로 충분하다. 부모님과 술을 한잔해도 좋다. 그 누구보다 자식이 따라주는 술 한잔에 행복해지는 법이다.

효도 수당은 직원들이 3그룹 이상, 즉 과장 이상으로 승진했을 때도 지급된다. 이때는 교통비에 더해서 부모님 한 분당 10만 원의 식사비를 지급한다. 일인당 10만 원이라면 별도

돈과
예의

251

의 공간에서 괜찮은 코스 요리를 먹을 수 있다. 부모님만 모시고 지금까지 키워주신 은혜에 대한 고마운 마음을 제대로 전한다. 그것이 최고의 효도다.

승진한 날로부터 반년 이내에 부모님을 찾아뵙지 않으면 효도 수당이 지급되지 않을 뿐 아니라, 본인과 직속 상사 모두 경위서를 써야 한다.

당근과 채찍을 써서 좋은 일은 강제로라도 시키는 것이 무사시노의 방식이다.

업무차 방문할 때 선물은 필요 없다

나는 경영 컨설팅 회원사를 연간 50곳 정도 방문한다. 보통 다른 회사를 방문할 때 선물을 지참하는 것이 예의지만, 나는 아무것도 준비하지 않는다. 반대로 돌아갈 때 내게 선물을 들려주는 회사도 많은데, 이 역시 정중히 거절한다. 이동하는 데 짐도 되고 연간 50상자가 넘는 과자를 먹다가는 당뇨병에 걸릴지도 모른다.

무례하다고 생각할지 모르지만, 상대가 바라지 않는데 선의로 포장해서 강요하는 편이 오히려 실례다. 가진 것이 적고 맛있는 과자나 과일이 귀하고 비싸던 시절에는 선물을 받고 기뻐했겠지만, 이제 시대가 변했다. 허례허식을 계속할 필요는 없지 않을까?

내가 경영 컨설팅 회원사를 방문하면, 회원사는 내게 회사를 직접 둘러보고 부족한 부분을 가감 없이 지적해주기를 바란다. 따라서 나는 차도 한잔 마시지 않는다. 응접실에서 10분 동안 차를 마시면서 세상 돌아가는 이야기를 할 시간이 있다면 조금이라도 더 오래 현장을 살펴보고 잘못된 점을 지적해주려 한다. 사업에서는 서로의 실리를 꾀하는 것이 진짜 예의다.

현장을 둘러보는 일은 내게도 실리가 크다. 경영 컨설팅 회원사 중에는 연구 개발에 힘쓰는 회사가 많아서, 현장에서 독자적으로 개선 활동을 하고 있다. 훌륭한 개선 방안이 있다면 배워서 무사시노에서 시도해보거나 다른 회사를 방문할 때 이야기해주기도 한다. 회원사 방문은 내 지식을 나누어 주는 일일 뿐만 아니라 새로운 지식을 받아들이는 일이기도 하다.

"사장님은 오랫동안 회사를 경영하셨는데도, 아이디어가 끊이지 않으시네요"라는 말을 들을 때가 있는데, 사실을 밝히자면 경영 컨설팅을 해주는 회원사로부터 항상 새로운 아이디어를 훔치고 있는 것이다. 아이디어를 도둑맞은 회사는 빼앗긴 것 이상으로 돌려받으니 불만은 없다. 모두가 행복해지는 구조다.

선물에 관한 이야기로 다시 돌아가자. 선물이 불필요한 것은 사업관계에 한한다. 상황에 따라 다르긴 하지만 개인적으로는 역시 무언가 선물을 준비하는 편이 상황을 원활하게 흘러가게 하는 데 도움을 준다.

서로 사귀는 두 사람이 결혼 승낙을 받으러 부모님께 인사 드리러 가는데, 빈손으로 가서는 곤란하다. 기본적인 예의도 모르는 사람이라고 상대의 부모님이 오해할 수 있다.

실리가 없다는 반론은 적절하지 않다. 상대의 부모는 이익을 바라지 않는다. 내 아들에게, 내 딸에게 어울리는 사람인지 아닌지 판단하고자 할 뿐이다. 상대가 원하는 것이 사업의 경우와는 다르므로 그에 맞춰 행동을 바꿔야 한다.

비싼 물건일 필요도 없고 좀처럼 구하지 못하는 귀한 물건일 필요도 없다. 오히려 어디서든 살 수 있을 법한 일반적인 선물을 준비하는 편이 건실하다는 인상을 주어서 좋지 않을까?

돈과 건강

질병 예방에 돈을 쓴다

개인이 겪게 되는 가장 큰 경제적인 위기는 무엇일까? 사람마다 의견이 다르겠지만 나는 병이라고 생각한다. 병에 걸리면 치료비가 들 뿐만 아니라 일도 하지 못하게 되고 그만큼 소득도 줄어든다. 생활이 2배로 어려워지는 셈이다.

특히 사장이 병에 걸리면 큰일이다. 나는 예순다섯 살이 되던 해에 쓰러져서 5개월 동안 회사에 나가지 못했다. 그동안 무사시노의 실적은 하락했다. 우수한 임원들 덕분에 회사가 무너질 지경까지는 가지 않았지만, 보통의 중소기업은 사장이 3~6개월 정도만 자리를 비우면 황색 신호가 켜진다.

사장은 직원들과 그 가족의 생활을 책임지는 존재다. 보통 사람 이상으로 건강에 신경 써야만 한다.

나는 생활 습관에 주의를 기울일 뿐 아니라 질병 예방에도 적극적으로 돈을 쓴다. 최근에는 킬레이션 치료를 받았다. 킬레이션은 수액주사로 막힌 혈관을 깨끗하게 해주는 치료다. 아무리 잘 지은 건물도 오랫동안 관리를 소홀히 하면 파이프가 녹슬어서 물의 흐름이 나빠진다. 인체도 마찬가지로 나이가 들면서 혈관이 막히기 쉬워지기에 깨끗하게 청소할 필요가 있다.

일본에서 킬레이션 치료는 보험 적용이 되지 않아서 상당한 비용이 든다. 하지만 사장이 뇌출혈 등으로 쓰러졌을 때 발생할 경제적인 손해를 생각한다면 충분히 투자할 가치가 있다. 젊을 때는 무리해서 받을 필요는 없지만 50대가 되어서 체력이 떨어진다고 느낀다면 부디 고려해보기 바란다.

내 주치의는 의료법인 공우회 하세가와 정형외과 클리닉의 하세가와 야스히로 이사장과 사단 의료법인 창우회 UDX 히라하타 클리닉의 히라하타 데츠유키 이사장이다. 오랫동안 건강에 신경 쓰지 못했더니 간이 망가져서 일시적으로 감마지티피 수치가 221이 된 적이 있었다. 저명한 의사에게 진료를 받았지만 낫지 않았다. 그때 히라하타 선생에게 췌장 치료를 받았는데, 간도 회복하고 더불어 감마지티피 수치가 70으로 떨어졌다. 굉장한 실력이다.

두 사람 다 의료 기술은 훌륭했지만, 경영 능력은 부족했다. 하지만 수년간 경영 컨설팅을 받으면서 다른 사람들이 부러워하는 클리닉으로 성장했다. 지금은 우리 가족 모두의 주치의다.

식생활에서 신경 쓰는 것

병에 걸려 쓰러지지 않으려면 생활 습관으로 무엇을 신경 쓰면 좋을까?

식재료는 가능한 한 자연산을 고른다. 해산물은 정어리나 꽁치, 전갱이 같은 등 푸른 생선과 오징어, 문어 위주로 먹는다. 이런 저렴한 해산물은 양식보다 직접 잡는 편이 돈이 덜

들어서 자연산뿐이다. 반대로 참치처럼 비싼 생선은 양식 기술이 발달했기에 자연산이 맞는지 확인할 필요가 있다. 비싸니 좋은 것이라고 착각하지 않도록 주의하기 바란다.

하루 식단을 구체적으로 소개하자면, 우선 아침에는 저온 멸균 우유를 한 잔 마신다. 그리고 흰쌀밥과 된장국, 낫토, 밑반찬을 먹는다. 된장국에 사용하는 된장은 천연 효모를 넣은 기미세 간장 주식회사(식품, 시즈오카 소재)의 '고급 오곡 붉은 누룩 된장'이다. 슈퍼마켓에서 파는 된장은 품질 유지를 위해서 발효를 억제하지만, 천연 효모를 넣은 된장은 시간이 지나면서 발효가 진행된다. 맛이 변하는 것이 효모가 살아있다는 증거다.

식전 우유를 마신 후에는 기미세 간장에서 나오는 '오흑 순한 식초'를 한 잔 마신다. 기미세 간장 나가하라 다쿠로 사장의 부친은 매일 아침 식초를 드시는데, 오카야마역에서 술을 마시고 세노오역 근처 자택까지 걸어오신다고 한다. 오카야마역에서 세노오역까지는 약 10킬로미터인데, 그 거리를 아무렇지 않게 걸어 다니신다니 굉장하다. 그 이야기를 듣고 그분처럼 건강해지고 싶어 따라 하고 있다.

점심은 매일 다르지만, '이 가게에서는 부추를 넣은 쇠간 요리와 군만두'라는 식으로 메뉴를 정해두고 있다. 아침에 제대로 밥을 챙겨 먹기 때문에 점심은 가볍게 먹는다.

저녁은 대부분 회식이다. 메뉴는 그날그날 자리에 맞추는데 점심보다 더 적게 먹는다. 젓가락만 조금 대고 남길 때가 많다. 맛이 없어서가 아니라, 잠자리에 들 때 위를 비워두고 싶어서다.

수면의 황금 시간을 지킨다

수면도 중요하다. 매일 아침 4시 반에 일어나기 때문에 저녁 9시에는 잠자리에 든다. 단, 일요일에는 저녁 7시 반에 잠자리에 든다.

40년 넘게 이용하는 호텔 닛코 오사카에는 왕겨 베개를 특별히 부탁하고, 연간 40일 가까이 숙박하는 그랜드 엑시브 나스 시라카와에는 전용 베개를 맡겨두고 있다.

지방 출장 때도 저녁 8시 반에는 방으로 돌아와서 9시에 잠자리에 든다. 밤놀이는 완전히 졸업했고 적어도 하루 7시간씩은 수면 시간을 확보한다.

일찍 자고 일찍 일어나는 습관을 들인 이유는 밤 10~12시에 성장호르몬이 분비된다고 들었기 때문이다. 이 시간에 잠을 자면 신체 회복이 빠르다. 같은 시간을 자더라도 일찍 자고 일찍 일어나면 수면의 황금 시간을 놓치지 않을 수 있다.

평소에도 걸어 다니다 보니 운동은 딱히 하지 않는다. 일흔 살이 넘은 지금, 무언가 운동을 해서 체력을 올리려는 생각은 무모하다. 현재 상태만 유지하기를 바랄 뿐이다. 현상 유지를 위해서는 운동을 해야 한다지만 엘리베이터 대신 계단을 사용하는 정도로 충분하다. 일부러 시간과 돈을 들여서 헬스클럽에 다니거나 마라톤을 시작했다가는 오히려 부담이 커서 몸에 무리가 오니 주의해야 한다.

금연하게 하는 것도 사장의 사랑이다

나는 직원들의 건강에도 신경 쓴다. 직원들이 병에 걸리면

회사도 곤란하다. 직원들이 좋은 성과를 발휘하도록 지원할
수 있는 것은 적극적으로 지원한다.

무사시노는 2000년에 금연 수당을 도입했다. 지금은 음식
점에서도 담배를 피우지 못할 정도로 금연 운동이 널리 퍼졌
지만, 당시에는 길거리에서 담배를 피워도 되었고 무사시노
에도 흡연자가 상당히 많았다.

담배를 끊으라고 한다고 해서 바로 끊을 정도로 무사시노
직원들은 순순하지 않다. 늘 그렇듯이 돈으로 유혹하는 작전
을 세웠다. 우선 임원들부터 금연한다고 선언하면 금연 수당
으로 300만 원을 지급하기로 했다. 그 후 1년간 담배를 피우
지 않으면 추가로 300만 원을 지급하니, 금연만으로 600만
원이 생기는 것이었다. 하지만 당시에는 담배를 끊겠다고 선
언하는 사람이 전혀 없었다. 그러다 부인이 입원해서 돈이 필
요했던 우치노 신이치 과장이 몇 개월 만에 드디어 금연을 선
언했다.

니코틴에 중독되면 돈으로 유혹해도 꿈쩍 않는 사람들이
많다. 그래서 나는 여전히 담배를 피우는 직원들의 집으로
'무사시노에서 아직 담배를 피우는 사람은 ○○ 씨뿐입니다.

금연 수당으로 300만 원을 받을 수 있는데 안타깝습니다'라고 적은 엽서를 보냈다. 엽서는 누구나 내용을 읽을 수 있으니, 가족들이 압박하도록 꾸민 작전이었다.

당시 과장이던 기쓰네즈카 도미오의 명함에는 '부장(담배를 끊는다면)'이라고 직책을 명기해서 응원했다. 명함을 교환할 때마다 상대로부터 대체 무슨 사정이냐는 질문을 받다 보니 민망해져서 체념하고 담배를 끊었다.

이런 사소한 노력이 결과를 맺어 지금 무사시노 임원 중에서 담배를 피우는 사람은 전혀 없다. 어쩌면 뒤에서 몰래 피울지는 모르지만 말이다.

요즘이라면 이런 노력을 이해하는 사람이 많겠지만, 당시에는 너무 심하다, 직원들의 사생활에 간섭하지 말라는 비판도 많았다. 하지만 나는 직원들에게 좋은 일이라면 강제로라도 시키는 것이 옳다고 생각한다. 직원들이 행복하다면 조금 거북스러워하더라도 실행한다. 그것이 사장의 사랑이다.

돈과
건강